나는 행복해지기 위해 결혼했다
이제 행복해지기 위해 이혼한다

ⓒ 정석원 2021

1판 1쇄 인쇄 2021년 1월 20일
1판 1쇄 발행 2021년 1월 25일

지은이 | 정석원
펴낸이 | 김대환
펴낸곳 | 도서출판 잇북

디자인 | 한나영
인쇄 | 에이치와이프린팅

주소 (10893) 경기도 파주시 와석순환로 347, 212-1003
전화 | 031)948-4284
팩스 | 031)624-8875
이메일 | itbook1@gmail.com
블로그 | http://blog.naver.com/ousama99
등록 | 2008. 2. 26 제406-2008-000012호

ISBN 979-11-85370-50-7 03330

이 도서는 한국출판문화산업진흥원의 '2020년 출판콘텐츠 창작 지원 사업'의 일환으로 국민체육진흥 기금을 지원받아 제작되었습니다.

※값은 뒤표지에 있습니다. 잘못 만든 책은 교환해드립니다.

나는 행복해지기 위해 결혼했다
이제 행복해지기 위해 이혼한다

정석원 글

잇북
it BOOK

이혼은 **행복해지기 위해** 하는 것이다

결혼과 이혼은 모두 행복한 삶을 위한 선택이다

2004년 봄, 나는 13년간의 결혼 생활을 정리하고 이혼했다. 그건 내 삶의 가장 힘든 결정이었다. 이혼이 힘든 결정인 이유는 그 일이 본인뿐만 아니라 자녀에게도 깊은 상처를 주기 때문이다.

이혼 과정에서 어른들이 괴로움을 겪는 것은 두 사람이 살아온 결과이므로 당연한 일이다. 하지만 아무 책임이 없는 자녀에게 부모의 이혼을 겪게 하는 것은 어떤 사정이 있더라도 가혹한 일이다.

그래서 부모는 어떻게든 가정을 지키려고 고민하며 불면의 밤을 보낸다. 깨어진 부부관계를 회복하기 위해 상대방을 설득하고 기다리기를 반복한다. 하지만 상황은 점점 나빠졌고 어느 날 '이렇게 갈등이 깊어지느니 아이를 위해서라도 헤어지는 것이 낫겠다.'는 결론에 도달한다. 이혼을 고민하는 부모들은 모두 같은 심정일 것이다.

그렇게 깊은 고민과 인내의 결과로 결정한 이혼은 부모와 자녀 모두에게 반드시 좋은 선택이 되어야 한다. 하지만 우리가 보고 듣고 경험하는 이혼 후의 삶은 밝고 긍정적인 모습보다는 어둡고 부정적인 모습일 때가 많다.

얼마 전 〈부부의 세계〉라는 드라마가 있었다. 불륜으로 인한 가정의 파괴 과정을 그린 드라마인데 그 드라마를 보며 우려되는 점이 많았다. 주인공들은 이혼 후까지도 애증의 관계에 집착하며 서로 상처를 주었고, 그런 부모의 행동을 이해할 수 없던 아이는 친구와 싸우고 물건을 훔쳤다.

우리는 대중매체를 통해 나도 모르게 이혼을 그렇게 학습하고 있는지도 모른다. 혹 부부가 어떤 사정으로 불가피하게 헤어지더라도 그 주인공들 같은 이혼 후의 삶을 살지는 말아야 한다. 이혼 후 안정을 찾고 아이가 밝게 성장하는 것은 부모가 어떻게 마음먹고 실천하느냐에 달려 있다. 왜 결혼에 실패했다 해서 이혼 후까지 불행하게 살아야 하는가? 상처받은 감정에 머물러 우울한 삶을 사는 것은 이혼을 그렇게 이해하고 받아들이기 때문이다.

사람은 완벽한 존재가 아니므로 살아가는 동안 누구나 잘못된 선택을 할 수 있다. 또 어떤 결정을 한 후 예상치 못한 결과를 얻을 수도 있다. 하지만 그것을 통해 몰랐던 자신을 알고 교훈을 얻으면 전보다 좀 더 나은 삶을 살 수 있다.

이혼은 이혼을 선택한 사람에게 그런 의미가 되어야 한다. 특히 어린 자녀에게는 좀 더 나은 현실과 미래를 위한 결정이 되어야 한다. 그러기 위해서는 부모가 이혼할 때 갈등을 멈추고 서로 존중하며 자녀를 양육하는 데 최선을 다하겠다는 새로운 다짐을 해야 하는데, 그것은 관계의 변화를 의미한다.

이혼하며 모든 결혼 생활을 끝내기를 정말 원한다면 지나간 부정적인 기억과 감정 모두를 내려놓아야 한다. 어떤 상처가 있었건 지난 일을 더는 문제 삼지 말아야 한다.

부모가 서로에 대해 나쁜 감정을 품고 사는 건 아이가 건강하게 성장하는 데 분명히 방해가 된다. 이혼 후까지 아이에게 서로에 대한 불편한 감정을 표현한다면 아이가 어떻게 그 힘든 상황에 적응할 수 있겠는가?

이혼은 과거의 부부는 죽고 자녀의 부모로서만 사는 것이라는 인식을 분명히 하도록 하자. 그 인식은 자녀뿐 아니라 부모가 새로운 삶을 준비하는 데도 꼭 필요한 생각이다. 이혼했다면 어떻게든 자녀를 잘 양육하고 자신의 행복을 찾아 앞으로 나아가야 한다. 그보다 더 중요한 이혼의 목적은 없다.

또 이혼이 삶에 있어서 긍정적인 전환점이 되려면 이혼을 올바르게 이해해야 한다. 나는 이혼하며 그 선택이 무엇을 의미하는지 몰랐다. 이혼을 단지 불행한 결혼 생활을 정리하는 절차 정도로만 이해했다. 난 이혼하는 사람이 무엇을 중요하게 생각해야 하는지, 어떤 마음가짐을 가져야 하는지 알지 못했다. 그렇게 나 자신을 추스르기도 미숙했으니 아이의 마음을 살필 세심함이 부족했던 건 당연하다.

나는 부모의 이혼을 겪는 어린 자녀의 감정이 어떤지, 깊은 상실감을 느끼는 아이와 어떻게 대화해야 하는지 사전 지식이 없었다. 그래서 본의 아니게 아이를 힘들게 할 때가 많았다. 참 후회스럽고 두고두고 미안한 일이다. 그때는 자녀에 관한 내 판단과 행동이 전부 타당하다고 생각했다. 내 생각에는 다 그럴 만한 이유가 있었고 그게 아이를 위한 최선이라 생각했다. 무지한 사람이 용감하다는 말이 남의 얘기가 아니었다. 그때 좀 더 이혼의 의미를 잘 이해하고 대처했더라면 아이의 마음을 덜 힘들게 할 수 있지 않았을까?

나는 이혼 후 달라진 생활에 빨리 적응하고 자녀를 잘 키우고 싶었다. 그래서 도움이 될 만한 지식을 얻기 위해 이혼 후의 생활과 정서를 표현한 영화나 다큐멘터리를 찾아보기도 했다. 하지만 대중문화가 표현하는 이혼 후의 삶은 우울하고 어두운 모습이 대부분이었다.

또 나보다 먼저 이혼한 사람들이 어떻게, 어떤 마음으로 살아가는지 알고자 이혼자의 모임에 나가보기도 했다. 하지만 그 모임에서도 이혼 전후의 불안정한 감정에 대응하는 방법이나 자녀 양육에 대한 조언을 구하기는 어려웠다.

이혼한 사람은 많지만, 그에 대한 사회 전반의 이해가 부족했고 솔직한 대화 분위기도 찾기 어려웠다. 서점에 가서 이혼에 관련한 책을 찾아보아도 이혼 사례집이나 절차를 다룬 책이 대부분이었다. 행복한 결혼 생활, 성공적인 결혼 생활을 강의하는 사람은 많지만, 행복한 이혼 생활, 성공적인 이혼 이후의 삶을 강의하는 사람은 없었다. 16년 전 느껐던 이혼에 대한 우리 사회의 이해 수준과 그에 적응하는 모습은 지금도 큰 차이가 없다.

이혼을 올바르게 이해할 때 부모와 자녀 모두 행복할 수 있다

이혼에 있어 법적인 절차는 최소한의 과정일 뿐이다. 불행한 결혼을 법률적으로 끝낸다 해서 지난 관계와 상처받은 감정이 동시에 정리되는 것은 아니다. 우리가 아는 이혼의 모습은 겉모습일 뿐이다. 우리는 형식적 이혼인 법률적 이혼을 넘어 이혼에 담아내야 할 중요한 내용을 알아야 한다. 부모가 마음을 새롭게 하고 자녀 양육에 임하는 것이 이혼 이후의 삶을 준비하는 데 가장 중요한 내용이다.

이혼에는 분명 행복한 이혼과 불행한 이혼이 있다. 성공적인 이혼과 실패한 이혼도 있다. 이혼한 부모는 누구나 자신의 자녀를 더욱 사랑으로 감싸고 바르게 키우고 싶어 한다. 하지만 부모의 그런 바람에도 불구하고 감정 표현이 미숙한 아이들은 건강하게 성장하는 데 어려움을 겪는다. 자녀 양육은 부모의 의지와 노력만으로 되는 일이 아니기 때문이다.

이혼은 결혼보다 어렵다. 누군가 이 말에 반대할지 모르지만, 부모와 자녀 모두가 깊은 상처를 안고 시작하는 이혼이 더 힘든 것은 당연한 일이다.

그래서 더욱 이혼에 대해 잘 이해하고 나와 자녀의 마음을 현명하게 보살펴야 한다. 부모의 감정을 소진시키고 아이의 불안감을 자극하는 것이 무엇인지 이해하고 그 생각과 행동을 멈춰야 한다.

이혼은 결혼이 끝난 관점에서 바라보면 불행한 결말이지만, 새로운 생활을 시작하는 관점에서 보면 행복한 삶을 찾기 위한 도전이다. 우리는 후자의 관점에서 이혼을 이해해야 한다. 이혼을 아는 만큼, 이해하고 준비하는 만큼 나와 자녀의 삶이 달라진다.

부디 이 책이 이혼 후 밝고 건강한 삶을 살기를 원하는 모든 분께 지혜와 용기를 드릴 수 있기를 바란다.

글쓴이 정석원

차
례

들어가며

　　이혼은 행복해지기 위해 하는 것이다 • 4

I 이혼 바로 알기
알고 하는 이혼, 모르고 하는 이혼

　　이혼은 더 이상 특별한 일이 아니다 • 14

　　이혼은 관계가 실패했다는 것을 의미한다 • 25

　　그와 그녀가 이혼하는 이유 • 33

　　이혼으로 받은 상처의 치유 • 54

　　이혼 가정의 자녀 • 61

　　이혼에 이르게 된 상황을 자녀와 먼저 소통하라 • 67

　　자녀가 나이별로 생각하는 이혼 • 73

　　이혼 전후 여성의 심리 • 85

　　이혼 사실을 알릴 때의 마음가짐과 적절한 시기 • 92

　　자녀 문제로 이혼을 후회하는 이유와 해법 • 100

II 이혼 후의 변화들
관계, 감정, 역할의 변화와 현실

이혼 후의 삶이 성공하기 위한 조건 • 108

이혼하면 부부는 없다, 부모만 남는다 • 114

이혼 후 짙어지는 감정들 • 123

자녀에게 이혼 사실을 전달하는 방법 • 129

부모의 이혼 후 자녀의 적응을 돕는 대화법 • 137

이혼 후 자녀의 부모 따돌림 • 146

이혼 후 지속되는 갈등의 영향 • 159

이혼 후 부모가 가져야 할 태도 • 166

III 이혼 그 후
다시 시작하는 인생

이혼 후 긍정적으로 바뀐 것들 • 174

이혼 후 여유롭고 강해지는 법 • 183

이혼의 부작용으로부터 자녀를 보호하는 법 • 209

두 가정에서 자녀를 양육하는 법 • 228

자녀와 좋은 관계를 유지하는 방법 • 245

주변 사람들과 좋은 관계를 유지하는 방법 • 253

나와 자녀 그리고 새로운 만남 • 259

부록

이혼 서약 십계명 • 266

관계 습관을 점검하기 위한 질문 리스트 • 268

나오며

이혼 후 빠른 안정과 행복한 삶을 찾으려면 • 271

추천사

이혼 후에도 행복하게 살기 위한 보석 같은 책 • 276

I

이혼 바로 알기

알고 하는 이혼,
모르고 하는 이혼

이혼은 더 이상 특별한 일이 아니다

◈

이혼은 새로운 삶이 시작되는 출발선

　프랑스 남부 니스에는 샤갈 미술관이 있다. 그곳에는 〈에펠탑의 신랑 신부〉 〈눈 내리는 마을〉 〈곡예사〉 등 450여 작품이 전시되어 있다. 샤갈은 청어 도매상에서 일하는 아버지와 소규모 잡화상을 운영하는 어머니의 9남매 중 장남으로 1887년 러시아 벨라루스에서 태어났다. 그는 연인 벨라를 깊이 사랑했지만 부유한 그녀의 부모는 가난한 그를 반대했다. 파리로 건너간 샤갈은 모딜리아니, 아폴리네르 같은 예술가, 시인들과 교류하며 미술 공부를 했다.

　5년 후 성공한 화가가 되어 고향으로 돌아온 그는 1915년 마침내 벨라와 결혼하는 데 성공한다. 1939년 제2차 세계대전이 발발하자 샤갈 가족은 나치를 피해 미국으로 망명하고, 1944년 9월 바이러스에 감염된 벨라가 갑자기 사망한다. 인생의 동반자를 잃고 큰 절망에 빠진 샤갈은 9개월 동안 붓을 들지 못했다. 그러다 이듬해 딸의 소개로 버지니아 해거드라는 젊은 여인을 만나 다시 그림을 그리기 시작했다. 이들은 연인으로 발전했으며 이후 7년 동안 관계를 이어갔다.

1948년 프랑스로 돌아와 오르주발에 정착한 샤갈은 피카소, 마티스와 교류하며 작품 활동을 한다. 1952년 새로운 연인 발렌티나를 만나 재혼하고 1985년 98세로 생을 마감할 때까지 그녀와 함께한다.

샤갈은 98년의 인생을 살며 절절한 사랑과 사별, 재혼을 모두 경험했다. 30년 가까이 같이 산 벨라와는 사별했고, 생을 마감할 때까지 발렌티나와 30여 년의 세월을 함께 보냈다. 샤갈이 한 세기 동안 열정적인 삶을 살 수 있었던 이유는 이처럼 과거의 아픔을 극복하고 다시 새로운 삶에 충실할 수 있었기 때문이 아니었을까?

이혼도 새로운 삶을 시작하는 것이다. 성격 차이나 경제적인 이유, 배우자의 외도 등 이혼의 이유는 중요치 않다. 어떤 이유로 이혼을 했건 그때까지의 생활을 청산하고 새로운 삶을 시작하기 위해 이혼한 것이라는 점이 중요하다.

부부관계에 실패했다고 해서 인생에 실패한 것이 아니다. 우리는 의료 과학의 발전으로 평균수명 100세를 바라보는 시대에 살고 있다. 사람이 한 세기를 살아가는 동안 20~30대에 만난 사람과 60~70년의 세월을 산다는 것이 과연 쉬운 일일까?

물론, 한 사람과 변치 않고 죽는 날까지 함께 사는 것이 가장 바람직하다. 하지만 여러 가지 이유로 어쩔 수 없이 이혼한 경우라면 지나간 기억과 감정에 얽매여 사는 것은 어리석은 일이다. 이혼의 궁극적인 본질은 새로운 출발이다. 행복한 미래를 위해 오늘을 충실하게 살아야 한다.

우리나라의 이혼율은 40% 이상

우리나라는 이혼율이 높다. 그렇다고 우리나라 사람들이 다른 나라에 비해 유별나게 부부간에 소통을 못 하거나 관계에 큰 문제가 있는 것은 아니다.

과거의 남편들은 가부장적 태도로 아내에게 고통을 주는 일이 많았지만, 요즘의 젊은 남편들에게서 권위주의적이거나 가부장적인 모습은 찾아보기 어렵다. 따라서 최근 들어 높아진 이혼율을 단순히 부부간의 소통 문제나 가부장적인 남편들의 태도가 그 이유라고 단정 지을 수는 없다.

우리나라에선 2018년 한 해 동안 25만 7,000쌍이 결혼하고 10만 8,700쌍이 이혼했다. 결혼한 커플을 100으로 봤을 때 이혼한 커플이 42%가 넘는다. 우리나라의 결혼 대비 이혼율은 1990년대 중반까지만 해도 20% 미만이었다. 그러던 것이 1997년 국가 부도 위기를 겪으면서 이듬해인 1998년에 30%를 넘어선 이후 20여 년간 35~40% 수준을 유지하고 있다.

해마다 20만 가구씩 증가하던 국민 총가구 수는 1997년과 2008년의 경제 위기를 겪고 난 이듬해에 세 배씩 증가했다. 경제 위기 후 가구 수 증가는 생활고로 인한 이혼과 먼 곳으로의 이직 등 가족이 흩어진 결과다. 갑작스러운 실직과 사업 실패가 한 가정을 경제적으로 압박하여 가족 해체로 이어지게 한 것이다.

40%가 넘는 높은 이혼율의 한국이 세계 1~2위의 이혼 국가라는 말

도 있지만, 그것은 사실과 다르다. 2018년 미국의 비즈니스 인텔리젼스 전문 업체인 '트렌더Trender'의 자료에 따르면 세계 1위의 이혼 국가는 결혼 대비 이혼율 71%의 벨기에이고, 10위는 53%의 미국이다(아래 표 참조). 이혼율 10위권의 국가에는 스페인, 프랑스와 같은 선진국과 1인 당 GDP가 11만 4,340달러(2018년 통계청 기준)로 세계 1위인 룩셈부르 크도 포함된다.

잘살면 행복해질 것이라는 일반적인 생각과는 달리 복지가 잘되어 있는 나라, 경제적으로 부유한 나라들의 이혼율이 오히려 더 높다는 것을 알 수 있다. 이처럼 세계의 모든 국가가 이혼의 고통을 겪고 있고 우리나라도 예외는 아니다.

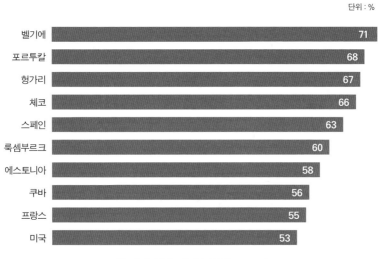

전 세계 결혼 대비 이혼율(2018년)

이혼은 내 주변의 이야기

SNS(Social Network Service)의 발달로 개인도 자기 생각을 세상에 전하기가 쉬워졌다. 누구나 자기 생각을 페이스북이나 트위터, 인스타그램, 블로그 등을 통해 쉽게 공개할 수 있고, 유튜브에선 자신이 원하는 콘텐츠를 준비해 방송도 할 수 있다.

이혼 사실을 전하는 방법도 다양해졌다. 가까운 지인에게 조심스럽게 이혼 사실을 털어놓을 수도 있지만, 요즘에는 자신의 이혼 사실을 블로그나 페이스북, 트위터, 유튜브를 통해 세상에 당당히 공개하는 일도 많아졌다.

용기 있게 공개한 개인적인 이야기들은 사람들에게 긍정적인 영향을 줄 때가 많다. 이혼으로 힘들어하는 사람들에게는 따뜻한 격려와 조언이 되고, 이혼에 대해 부정적인 시각을 가진 사람들에게는 이혼에 대한 잘못된 인식을 바로잡아주는 계기가 되기도 한다.

그와 달리 주변 지인들에게 이혼 사실이 알려질까 봐 노심초사하는 사람들도 많다.

공직자인 한 여성은 직장 동료들에게 5년간 이혼 사실을 숨겼다. 이혼 전에 뽑아놓은 가족 관계 서류를 1년에 한 번씩 회사에 제출하며 이혼 사실을 다섯 해 동안 숨긴 것이다. 자녀가 다니는 학교에 부모의 이혼 사실을 숨기기 위해 이혼 전에 미리 뽑아놓은 등본을 자녀의 선생님에게 제출하는 학부모도 있다.

과거와 비교해 이혼에 대한 사회적인 시선이 달라졌다 해도 여전히 이혼자들은 자신의 이혼 사실을 털어놓는 데 망설이는 경우가 많다.

이처럼 이혼 사실을 공개하기 꺼리는 분위기 때문에 우리는 주변에 이혼한 사람이 누구이고 그들이 어떤 고민을 하고 어떤 여건에 처해 있는지 알기 어렵다.

우리는 간혹 주변 사람이 이혼한 사실을 몇 년이 지나 뒤늦게 알고 '아차!' 싶을 때가 있다. 이혼한 지인 앞에서 아무 생각 없이 배우자의 안부를 묻거나, 부부동반 모임에 초대하던 일들이 있었다면 후회가 된다.

하지만 미국에서는 이혼 사실을 얘기하고 서로 도움과 조언을 나누는 분위기가 우리 사회보다 성숙되어 있다.

미국 사회에는 지역사회 거주자들 간 모임이 많다. 특히 이혼 상담을 하거나 감정 치유, 이혼 후 생활 적응에 대한 조언을 목적으로 하는 교회 모임이 많다.

우리나라에도 이혼한 사람들의 모임이 있지만, 이혼 후의 삶을 위한 실질적인 조언과 도움을 주는 모임은 드물다. 우리나라의 이혼자 모임은 대부분 새로운 상대를 찾기 위한 모임들이다.

앞서 말했듯이 우리나라도 고이혼율 국가가 된 지 오래다. 내 가족, 내 친척, 내 친구, 내 동료…… 주위를 둘러보면 의외로 이혼한 사람들이 많다. 이제는 이혼이 그리 특별하지 않은 일이 된 것이다.

모든 사람이 이런 변화를 이해하고 좀 더 행복해지려면 이혼에 대한 편견을 버려야 한다. 이혼에 대한 우리의 생각과 인식의 수준을 높여야 한다.

이혼에 대처하는 주변인의 자세

외도, 폭력, 도박, 시댁(혹은 처가) 식구의 무시, 경제적인 파탄 등 무엇이든 참고 견디는 것이 미덕이던 시대가 있었다. 심지어 옛날 어른들은 "시집을 가면 벙어리 3년에 귀머거리 3년, 장님 3년으로 살아야 한다!"는 말도 했었다. 우리의 아버지와 어머니, 혹은 할아버지와 할머니는 무엇을 위해서 그렇게 참고 살라고 조언했을까? 아마도 그렇게 사는 것이 조금이라도 더 행복한 삶을 사는 방법이라 생각했기 때문일 것이다.

지금은 그렇지 않다. 그건 옛날얘기다. 20여 년 동안 높은 이혼율을 경험한 우리 사회는 이혼에 대한 가치관이 많이 달라졌다. "자녀에게 상처를 주면서까지 이혼을 해야 하나?"라는 비판보다 "오죽하면 그런 선택을 했을까?"라는 이해의 시선이 많아졌다. "힘들더라도 참고 버티면 아이도 잘 크고 다 잘될 거야!" "참다 보면 다 해결될 거야!"라는 말은 더 이상 친정어머니가 딸에게 해주는 지혜로운 조언이 아니다.

간혹 직장 후배들이 남편에 대한 고민을 털어놓으며 이혼을 결심했다고 고백할 때가 있다. 눈물을 글썽이며 쏟아놓는 그들의 기막힌 사연을 듣고 나 또한 참으라고 권하지 않는다. 차마 그런 말이 입 밖에 나오지 않는다. 그들은 이미 충분히 참고 고민한 끝에 나를 찾아왔기 때문이다.

결혼할 때 "난 몇 년쯤 후에 이혼할 거야!"라고 예상하고 결혼하는 사람은 없다. 행복해지려고 하는 결혼인데 결혼 생활을 시작하기도 전에 이혼할 줄 알았다면 누가 결혼을 하겠는가?

누구나 행복한 인생을 기대하고 결혼 생활을 시작한다. 하지만 살다 보니 예상치 못한 변수가 생기고, 그 변수가 나쁜 결과를 초래해 이혼으로 이어진 것이다. 어느 날부터 배우자가 실수를 반복했고 그런 실수들이 마음에 상처를 남겼고 점점 대화가 통하지 않게 됐다. 깊은 고민도 해보았지만, 마침내 '당신과는 안 된다.'는 결론에 도달하고 이혼을 결심한다. 이혼한 사람들은 누구나 이런 과정을 경험한다.

주변 지인이 이혼한 사실을 알고 무심코 왜 이혼했느냐고 물을 때가 있다. 궁금한 마음에 그렇게 질문할 수 있다. 그러나 어찌 그 깊은 고민과 속사정을 몇 마디 말로 대답할 수 있겠는가?

이혼한 사람에게는 그 선택을 할 수밖에 없었던 이유와 이혼을 결심하기까지의 깊은 고민이 있다. 그가 자신의 이혼 배경을 담담히 얘기할 때까지는 묻지 말자. 아픈 상처를 굳이 헤집어놓아서 그를 불편하게 만드는 것보다는 궁금한 마음을 덮어두는 것이 낫다. 그냥 그럴 때는 "고생 많았어. 앞으로 잘될 거야!" 이 한마디면 충분하다.

이혼도 공부가 필요하다

결혼은 한 사람의 인생을 행복과 불행으로 가를 수 있는 중요한 결정이다. 태어나서 20년 이상을 함께 살아온 가족을 떠나, 죽을 때까지 평생을 같이 살 새로운 가족을 맞이하는 일이기 때문이다.

이처럼 결혼이 중요하지만, 누구도 결혼 생활을 시작하기 전에는 그것을 잘 모른다. 이제 막 결혼 생활을 시작한 사람은 하나부터 열까지 결혼 생활의 모든 것이 태어나서 처음 경험하는 일이다. 그나마 자라면서 봤던 부모님의 모습이나 먼저 결혼한 선배의 조언이 어느 정도 도움이 될 수는 있다. 그러나 자신이 직접 경험한 일이 아닌 이상 분명 한계는 있다.

우리는 학교에서 구체적인 결혼 생활의 지침을 배운 적이 없다. 국어, 영어, 수학, 사회와 과학을 배웠을 뿐이다. 그런 이유로 결혼 후 많은 시행착오를 겪을 수밖에 없다.

회사에 신입사원이 들어오면 먼저 기본 교육을 한다. 기업의 역사와 추구하는 가치, 문화와 기본적인 업무를 가르친다. 그 후 현장에 투입하여 선배들이 일하는 모습을 보고 배우게 한다. 그러한 과정을 통해 미숙했던 신입사원이 조금씩 필요한 일꾼으로 성장한다.

결혼 생활을 시작할 때도 그런 과정이 필요하다. 회사로 치면 신입사원과 같은 신혼부부는 결혼 초기 실생활의 많은 부분을 의논하고 결정해야 한다. 신혼부부는 여러 상황에 유연하게 소통할 수 있어야 행복하고 성숙한 결혼 생활을 할 수 있다. 부부가 소통하는 데 서툴러 큰 문제가 아닌 것으로 몇 주 동안 갈등을 이어간다면 그보다 답답한 일이 없다.

결혼 생활에 공부가 필요한 것은 바로 이런 이유 때문이다. 행복한 결혼 생활을 이어가기 위해서는 결혼에 대한 지식, 관계와 소통에 대한 지식이 필요하다.

이혼은 결혼보다 좀 더 깊은 이해가 필요하다. 이혼은 결혼과 달리 쌓여 있는 부정적인 감정을 정리하고 힘든 여건에서 자녀를 돌보는 일이기 때문이다.

그래서 이혼은 결혼을 끝내는 일이다. 동시에 새로운 삶을 시작하는 일이다. 이혼은 크게 두 가지 기간으로 나누어 이해해야 한다. 이혼 전 이혼을 하기까지의 기간과 이혼을 하고 난 후 새로운 삶을 사는 기간이다.

오직 결혼을 끝내는 이혼의 한 측면만을 생각하면 이혼 후의 생활에 대해 준비가 부족해 어려움을 겪을 수 있다. 특히 자녀가 있으면 이혼 이후의 상황에 대해 신경 써야 할 부분이 많다. 자녀의 성장에는 부모의 관심과 사랑이 중요한데 이혼 후에는 부모가 바빠지므로 아이가 버려졌다고 느끼기 쉽기 때문이다.

자녀의 안정은 이혼 이후 부모에게 가장 중요한 부분이므로 이혼한 부모라면 자녀의 양육에 대해 잘 알아야 한다.

간혹, 감정적인 상처 때문에 전 배우자와 자녀가 만나는 것을 싫어하는 경우가 있다. 그러나 자녀를 올바르게 양육하기 위해서는 아무리 힘들어도 그런 마음을 가지면 안 된다. 어른들의 감정은 어른들의 일로 끝내야 한다. 어른들이 서로에게 갖는 감정과 자녀가 부모에게 갖는 감정은 다르다.

어떤 부모는 아이가 전 배우자를 만나지 않아도 자신이 그 몫까지 잘 챙겨주면 문제 될 것이 없다고 생각한다. 때로는 그게 더 바람직하다고 생각하기도 한다. 그건 잘못된 생각이다.

이혼 가정의 자녀는 부모를 되도록 자주 정기적으로 만나야 한다. 자녀가 부모 중 어느 한쪽을 만나지 못하면 정서적으로 불안해지고 성장에 여러 문제가 생길 수 있다. 한쪽 부모가 아이를 잘 챙겨도 아이는 다른 부모가 그립다.

이혼하면 많은 것이 변한다. 그 변화들은 부모와 자녀 모두를 감정적으로나 육체적으로 힘들게 한다. 그래서 이혼 전후에는 심리적인 부분과 현실적인 부분에 대해 폭넓은 조언이 필요하다.

특히, 이혼 전후 자녀의 감정 변화와 부모가 힘들어하는 자녀를 어떻게 배려하고 대화해야 하는지에 대해 구체적인 조언이 필요하다. 하지만 주변에서 그것을 조언해줄 수 있는 지식과 경험을 갖춘 사람을 찾기는 쉽지 않다. 부모와 자녀의 적응을 돕는 전문적인 기관이나 단체도 거의 없다.

그런 이유로 이혼 전후에는 답답할 때가 많고 시행착오도 많이 겪는다. 이혼 후 달라진 상황에 잘 적응하고 빨리 안정을 찾으려면 이혼에 대한 공부가 필요하다.

이혼은 관계가 실패했다는 것을 의미한다

사랑이 물이라면 관계는 그 물을 담는 그릇

결혼 초기 남녀는 서로를 뜨겁게 사랑한다. 강렬한 사랑으로 출발한 신혼부부의 모습은 마치 나사의 우주선 발사 모습 같다. 우주선은 지구의 성층권을 돌파하는 출발 초기에 가장 많은 에너지를 소비한다. 성층권을 지나 안정적인 궤도에 진입한 우주선은 에너지 소비를 줄이고 긴 우주여행을 시작한다.

결혼 초 뜨거운 사랑은 새로운 가정을 세우는 강력한 초기 에너지다. 그 에너지로 신혼부부는 향후 장기적인 결혼 생활을 위한 건강한 '관계'를 준비해야 한다.

건강한 관계를 만들자는 건 사랑의 감정을 보관할 튼튼한 그릇을 준비하자는 것이다. 사랑의 감정은 좋은 관계 속에서 유지되고 성숙해진다. 한 사람이 일방적인 의무나 권리를 주장하는 관계는 오래가지 못한다. 한 사람의 지나친 배려도 지속성이 없다. 언젠가 지치고 만다. 부부가 서로를 배려하고 양보할 때 안정적인 부부관계를 만들 수 있다.

이혼은 부부가 좋은 관계를 갖지 못한 결과다. 결혼 초 뜨거웠던 사랑의 에너지는 서서히 소진된다. 그것을 지키고 성숙시키려면 건강한 부부관계가 필요하다. 사랑이 물이라면 관계는 그 물을 담는 그릇이다.

이혼 직후 사람들은 감정적인 혼란을 겪는다. 이혼의 원인을 설명하며 격한 감정을 쏟아내다가 잠시 후 이혼한 것을 후회하기도 한다. 이 시기에는 이혼의 이유를 모두 전 배우자의 잘못으로 돌리는 일이 많다. 자신은 아무 잘못이 없고 피해만 보았다고 생각한다. 상대방을 만나지 않았더라면 결혼 생활을 잘할 수 있었을 것이라고 확신하기도 한다.

그런 이유로 누군가를 소개받을 때 전 배우자와 전혀 다른 사람을 소개해달라고 부탁하기도 한다. 그 판단이 옳다면 그런 사람을 소개받았을 때 잘 맞아야 하는데, 오히려 불편함을 느낀다. 당연한 일이다. 부부관계가 나빴던 것은 두 사람 모두의 문제이기 때문이다.

이혼은 한 사람의 실수로 어느 날 아침 갑자기 찾아오지 않는다. 이혼은 오랜 시간 부부의 관계에 조금씩 균열이 생긴 결과다. 이혼은 '관계의 실패'를 의미한다. 관계란 두 사람이 같이 만드는 것이다.

자신을 사랑해야 성숙한 관계를 가질 수 있다

사랑은 상대를 소중히 여기고 배려하는 것이다. 나의 것을 베풀어 상대가 행복하도록 애쓰며 돕는 것이다. 누가 나를 그런 마음으로 사랑해준다면 무척 고마운 일이다. 사랑을 받으면 감동한 나도 그를 위해 무언가 해주고 싶어진다.

사람은 누구나 주변 사람과 그런 좋은 관계를 갖길 원한다. 그가 친구이거나 이성, 사회 선배 누구건 같다. 나를 아껴주고 사랑하는 사람은 나를 자유롭게 해주고 좋은 모습을 갖도록 도와주는 사람이다.

사람은 자기 자신을 사랑할 줄 알아야 한다. 그래야 행복해질 수 있다. 그래야 다른 사람을 사랑하고 그들의 사랑을 받아들일 수 있다. 성숙한 사랑을 하는 사람은 자기 자신을 사랑하는 법을 알고 있다. 자신을 아끼고 다독일 줄 안다. 자신을 사랑할 줄 모르면 다른 사람이 나를 사랑해도 믿지 못한다. 믿을 수 없으니 상대의 마음을 받아들이기 힘들다. 그래서 자신을 사랑할 줄 모르는 사람은 항상 주변 사람들의 배려와 사랑에 부족함을 느낀다.

그런 사람은 타인을 위해 진정한 배려를 하기도 힘들다. 정말 잘해주고 싶은데 마음대로 잘 안 된다. 가끔 아끼는 지인을 위해 배려를 하더라도 무언가 보상을 원할 때가 많다. 원하는 수준의 감사 인사가 없으면 금방 섭섭해한다.

이런 사람은 인간관계의 중심을 타인에게 두고 사는 사람이다. 다른 사람이 나를 얼마나 배려하며 관심을 보이는지에 따라 관계가 달라진다. 성숙한 부부관계는 각자 자신을 넉넉히 사랑할 줄 알 때 가질 수 있다.

그렇다면 자신을 사랑하는 방법은 뭘까?

부모는 자식을 사랑해서 그에게 용기를 주고 공부할 환경을 만들며 성장을 돕는다. 인격적으로도 좋은 모습을 보여주기 위해 노력한다. 내가 자녀에게 하듯 나 자신을 그렇게 도와주면 된다. 내 인격을 돌아보며 무언가를 공부하고 배우며 어제보다 나은 내가 되도록 나를 도와주면 된다. 다독이고 용기를 주면 된다. 그게 자신을 사랑하는 방법이다.

우리는 이미 나 자신을 사랑하는 법을 잘 알고 있다. 내가 부족한 부분이 무엇인지 가장 잘 아는 사람은 바로 나 자신이기 때문이다.

누군가에게 사랑받기를 원하는 것은 내 부족함을 상대가 채워주기를 바라는 것이다. 누군가가 내 부족함을 채워주기를 바라는 마음이 나쁜 건 아니다. 하지만 이때 잊지 말아야 할 것이 있다. 내가 먼저 자신의 부족함을 채우려고 노력해야 한다는 점이다. 그런 노력을 하는 사람이 자신을 사랑할 줄 아는 사람이다.

그런 사람을 만나면 무언가 조언하고 도와주고 싶어진다. 그런 사람은 인격적으로나 직업적으로 생활의 모든 면이 점점 세련되어진다. 성숙해진다. 그러면서 주변 사람들과의 관계도 점점 좋아진다.

그 사람이 내 아내이고 남편이라면 그를 돕고자 더 신경 쓰고 노력하게 되지 않을까? 성숙한 관계는 자기사랑을 이해한 사람만이 얻을 수 있다.

인간관계에서 생기는 상처, 고독, 열등감

인간관계를 가지며 상처받지 않는 사람은 없다. 겉으로 약해 보이고 소극적인 사람만 상처받는 것이 아니다. 주변 사람들과 원만하게 잘 지내는 사람도 자신의 상처를 말할 때가 있다. 능숙하고 강해 보이는 사람도 가벼운 말 한마디에 아파할 때가 있다.

또 나만 상처를 받는 것이 아니다. 나도 누군가에게 상처를 준다. 내가 그랬던 걸 전혀 몰랐다가 나중에 그 사실을 들을 때가 있다. 상처를 주지도 받지도 않으려면 아무도 만나지 말아야 한다. 그러나 사람은 그렇게 살 수 없다. 사람은 누구나 주변 사람에게 상처를 주거나 받고 산다.

이혼 과정에서 여러 일을 겪으면 심리적으로 위축되기 쉽다. 사람이 심리적으로 위축되면 사람을 피하게 된다. 꼭 이혼 후가 아니더라도 마음이 복잡해지면 사람을 조금 피하게 되는 것이 인지상정이다. 사람을 피하면 고독해지고 고독감을 느끼면 그 관성으로 다시 사람을 피하게 된다.

이혼으로 이런 감정 상태가 되는 걸 이해하지만 자신에게 담담히 물어봐야 한다. "내가 만날 사람이 정말 한 명도 없는 걸까?" 그동안 알던 사람들, 오래 다녔던 모임이 있을 것이다. 고독감은 나와 다른 사람과의 관계에서 비롯된 감정이다. 누군가가 나를 악의적으로 따돌리지 않았다면 고독은 분명 내 마음속의 정서다. 나를 고독하게 하는 것은 주변 사람이 아니라 나 자신이다.

이혼 직후에는 평소와 다름없이 모임에 나가고 사람을 만나야 한다. 나를 가꾸며 새로운 삶을 시작해야 한다. 자기 계발을 위해 꼭 필요한 짧은 고독만 예외로 하자. 내 아이는 부모가 이혼 후 적응하고 평소처럼 잘 살기를 원한다.

내가 느끼는 열등감은 진짜 열등해서 느끼는 것이 아니다. 누군가와 나를 비교한 결과다. 열등감은 '객관적인 평가 결과'가 아니고 '내 주관적인 해석'이다.

프로이트, 칼 융과 함께 세계 3대 심리학자로 불리는 아들러는 "열등감은 정상적인 노력과 성장을 위한 자극이다."라고 했다. 열등감도 노력과 성장의 촉매제가 될 수 있다는 것이다.

사람은 누구나 열등감을 극복하고자 노력한다. 현실에 안주하지 않고 더 성장하고 싶어 한다. 이처럼 열등감이 긍정적으로 작용하면 바람직하다.

이혼 후 마음속에 열등감이 생길 수 있다. '주변 사람들은 다 참고 사는데 왜 나는 이혼을 했을까?' '다른 사람들과 달리 내 성격에만 문제가 있는 걸까?' '나는 결혼 생활에 잘 안 맞는 사람이 아닐까?' 이런 생각이 들 때가 있다.

아들러는 이런 생각을 부정적으로 보지 않았다. 오히려 필요하다고 말한다. 자신을 의심하고 돌아보는 것은 성장을 위한 과정이라 말한다. 더 나아가 아들러는 건전한 열등감을 가지라고 말한다. 타인과 나를 비교해서 생기는 것이 아니라 '이상적인 나'와 '지금의 나'를 비교해서 생기는 것이 건전한 열등감이다. 게으른 자기만족보다 부지런한 열등감이 내 발전을 위해 유익하다.

지나간 관계의 정리

이혼 후 3년이 지나 새로운 사람을 만난 자리에서 전남편을 험담하는 사람이 있었다. 그 여성분의 마음 아픈 사연은 이해하지만, 상대방은 분명 실망감을 느꼈을 것이다. 그녀는 이혼 이후 3년이 지나도록 내면적으로 이혼을 하지 못한 것이다. 그 얘기를 듣던 상대는 '이 사람은 아직 옛 결혼에 얽매여 있구나.'라고 생각했을 것이다.

이혼에는 두 가지 측면이 있다. 법률적 이혼과 정서적 이혼이다. 법률적으로 이혼을 했지만, 예전 기억과 감정에 머물러 있다면 아직 완전한 이혼을 하지 못한 것이다.

결혼은 혼인신고와 결혼식의 두 가지 절차가 있다. 사실 법률 행위인 혼인신고만으로도 부부가 될 수 있지만, 부부가 된 것을 실감하는 것은 결혼식 때문이다. 평소 잘 안 만나는 친인척까지 불러서 사진을 찍고 같이 잘 살겠노라는 결심을 말하기 때문이다. 혼인신고만으로는 결혼한 사실을 강하게 체감하지 못한다.

이혼은 가정법원에서 발급한 이혼판결정본을 구청에 제출하면 모든 절차가 끝난다. 그걸로 끝이다. 그래서 밋밋하다. 엄청난 삶의 변화를 겪고 있는데 별 현실감이 안 느껴진다. 이혼 후 예전 그 집에 그대로 사는 경우도 많다. 이런 상태가 길어지면 지나간 관계와 감정을 정리하는 데 긴 시간이 필요할 수 있다.

지나간 관계와 감정을 정리하기 위해서는 과감하게 전 배우자를 생각나게 하는 물건들을 정리해야 한다. 그와 찍은 식탁 위 사진들, 결혼이나 여타 기념일을 생각나게 하는 흔적들을 치워야 한다. 이사를 하지 않고 이혼 전의 집에 계속 살면 가구 배치를 새로 하는 것이 좋다. 특히 침대는 되도록 없애야 한다.

미국에서는 이혼한 부부가 같이 옛 물건들을 소각하며 깨진 관계를 애도하기도 한다. 양육의 의무사항을 낭독하며 부모로서 서로 존중하고 협조할 것을 서약하는 의식을 갖기도 한다.

이혼은 지나간 관계를 정리하고 새로운 삶을 시작하는 것이다.

그와 그녀가 **이혼**하는 **이유**

᯽

사랑이 사라져가는 계절이 시작되고

연애와 결혼은 완전히 다르다. 연인으로 10년을 만나도 연애는 연애일 뿐이다. 연애하는 동안에는 각자 따로 산다. 각자의 생활을 스스로 책임진다. 연인은 서로에게만 충실하면 된다. 상대의 부모님이나 가족까지 챙기지 않아도 별문제가 없다. 중요한 기념일을 기억하고, 서로 마음을 다독이며 사랑을 표현하면 충분하다.

연애 시절에는 상대방에 대한 서운함이나 성격 차이로 다투는 경우가 대부분이다. 생활상의 문제로 다투는 경우는 극히 드물다. 연인 간의 사랑은 부부간의 사랑보다 열정적이지만 책임 범위는 작다.

결혼 후 부부가 되면 같이 생활하며 책임도 나누어 진다. 결혼 초기에는 같이 살 수 있다는 것만으로도 충분히 행복하다. 어른들이 얘기하는 소꿉장난하듯 사는 시기다. 지나치다 싶을 정도로 상대의 부족한 부분을 걱정하고 챙겨주기도 한다. 배려와 이해가 마음속에 있으니 무엇이건 안 되는 일이 없다.

그렇게 결혼 생활을 시작한 신혼부부는 조금씩 허니문의 시간을 소진한다. 처음 만나 낯설었던 남녀는 결혼 후 생활인으로 자리 잡는다.

이때부터 생활상의 문제로 다투는 경우가 점점 늘어난다. 또 연애 시절이나 결혼 초기에는 웃어넘겼던 일들이 점점 다툼의 원인이 되기 시작한다.

예를 들면 이렇다. 어느 순간부터 사소한 것들을 챙기지 않고 무심해진 남편에게 불만이 생기기 시작한다. 처음에는 웃고 넘어갔는데 반복되다 보니 마음이 불편하다.

또 종일 일하고 피곤한데 퇴근 무렵만 되면 남편이 시부모님과 저녁 식사를 함께하자고 전화한다. 처음엔 그래도 기쁜 마음으로 자리를 했다. 그런데 부모님이 좋아하신다고 이런 일이 자꾸 반복되다 보니 피곤한 몸을 쉬지도 못하고 개인적인 시간이 점점 없어지는 걸 느낀다. 하루하루 생활을 이어가기가 힘들다. 친정아버지가 자주 저녁을 먹자 하셨으면 저 사람도 힘들어했을 텐데 내 생각도 해주면 좋겠다는 생각이 불쑥 고개를 든다.

결혼 후에는 가정이 생긴다. 쉬고 싶어도 쉬지 못하고 아이와 남편을 챙길 때가 많다. 엄마와 아내가 됐기 때문이다. 양쪽 부모님들도 모두 소중하다. 한쪽 부모님이 서운하지 않게 골고루 잘 챙겨야 한다. 부모님들은 습관과 스타일이 다르다. 한쪽 부모님께 치우치지 않게 양가 모두 신경 쓰고 잘 조율해야 한다. 요즘 부모님들은 당신들 신경 쓸 것 없다고 너희들이나 잘 살라고 말씀하신다. 말씀은 그렇게 해도 사소한 일로 서운해하는 모습을 보일 때가 있다.

이처럼 결혼 후에는 생활상의 숙제가 많아진다. 사랑이 사라져가는 계절이 시작된 것이다.

마음의 작은 틈으로부터 생기는 이혼의 싹

결혼 생활을 돌아보면 언제부턴가 작은 마음의 틈이 생긴 것이 보인다. 그날 이후 그 틈은 좁혀지지 않았고 오히려 조금씩 자리를 잡았다.

거기엔 분명 이유가 있다. 상대방으로부터 자신의 미숙함에 대한 가벼운 핀잔을 들으며 서운한 감정을 느꼈을지 모른다. 자신의 부모님에 대한 말 한마디, 사소한 약속을 무심히 넘기는 모습에 조금씩 서운한 감정을 느꼈을지도 모른다. 좋은 마음으로 던진 농담에 대한 상대방의 무시가 원인일 수도 있다.

분명히 언짢고 속상한 감정들이 쌓인 시작점이 있다. 어쩌면 오래전부터 그것을 알고 있으면서 방관했을지도 모른다.

'솔직히 난 알고 있었어. 하지만 그 정도의 사소한 섭섭함과 기분은 별문제가 아니라고 생각했어. 그 정도는 이해하고 넘어가는 것이 결혼 생활의 일부라고 생각한 거야. 어느 날 그것에 대해 말을 꺼내고 싶었던 적도 있었는데, 막상 얘기하려니 내가 예민해 보이고 구차한 느낌이 들었어. 그래서 그냥 덮어두었어. 살다 보면 좋은 일이 생기고 웃을 때도 있고 그렇게 지나가면 된다고 생각한 건데, 이제 생각해보니 그게 잘못된 생각이었던 것 같아. 그런 작은 지나침과 감정의 묻어둠은 상대방과의 관계에 미세한 틈을 조금씩 키워갔을 뿐이더라고. 그 사소한 일들이 작은 가시처럼 그와의 관계에 박혔어. 그때 내 마음을 작게라도 표현했어야 했어. 그냥 내 마음이 좀 아프다는 것만 얘기했더라도 마음을 추스르는 데 도움이 됐을 텐데.'

세계적인 부부상담가 고트만 박사는 이런 마음의 틈을 마이너스 감정이라 말한다.

마이너스 감정이 커지면 부부간의 친밀감이 사라진다. 친밀감의 상실은 소통의 단절을 불러온다. 말하는 시간이 줄어들고 대화를 해도 말이 통하지 않는다. 마음이 답답하다. 편안한 감정이 말라가며 상대에 대한 배려가 없어진다. 아직 배우자를 사랑하지만 자연스러운 표현이 힘들다. 쓸데없이 상대의 삶을 간섭하고 참견하는 일이 빈번해진다. 배우자는 원하지 않는데 무언가를 강요하고 자기 뜻만 주장하는 일이 빈번해진다. 이미 마음의 틈이 많이 벌어져서 회복하기 버거운 느낌이다.

이런 상황에서 침묵이 과연 옳은 선택일까? 물론 침묵은 상대의 허물을 덮어줄 때 필요한 미덕이다. 배우자가 생각할 시간이 필요할 때 침묵은 큰 배려가 된다.

그러나 상한 감정을 마음속에 묻어두고 침묵하는 것은 상대방과 나 사이에 작은 벽을 쌓는 일이다. 부부는 침묵 때문에 서로 단절감을 느낄 때가 많다. 그런 침묵은 금이 아니다. 내 마음을 상대방이 편히 받아들이도록 도와야 한다.

감정을 표현하지 않으면 남자들은 아내의 마음을 모를 때가 많다. 이혼은 내 마음을 숨길 때, 표현에 인색해지는 순간에 그 '싹'이 돋는다.

여성의 양보를 당연시하는 남성 중심주의

"아빠는 성이 '이 씨'이고 엄마는 '정 씨'입니다. 저는 아빠 딸이고 동시에 엄마 딸이기도 합니다. 그런데 할아버지는 저를 '이 씨 집안 47대 손'이라고 말씀하세요! 저는 엄마의 성을 따라 이름을 지을 수 없나요? 나중에 제가 아기를 낳으면 제 성으로 이름을 짓고 싶어요!"

2005년 이전에 자녀의 성은 반드시 아빠의 성과 본을 따르도록 했다. 가족 내 신분적 권리가 할아버지, 아버지, 아들로 승계되는 이 제도를 호주제라 한다. 이는 여성을 차별하는 남성 중심적 가족제도라는 이유로 2005년 3월 31일 폐지되었다.

호주제는 오랜 기간 남녀차별을 조장했다. 이 제도의 폐지로 자녀는 어머니의 성과 본을 따를 수 있게 됐다. 그렇다. 호주제는 15년 전에 폐지되었다. 이제 자녀가 엄마의 성과 본을 따를 수 있지만, 아직 문제가 있다. 그 결정을 혼인신고 때 해야 하기 때문이다.

혼인신고서의 하단 4항을 보면 '성·본의 협의' 란이 있다(다음 페이지 참조). 자녀의 성과 본을 어머니 쪽을 따르도록 협의했냐는 질문이다. '아니요'에 표시하면 몇 년 후에 아기가 태어나면 엄마의 성을 따르지 못한다. 반대로 '예'에 표시하면 부부가 동의했다는 내용의 '합의서'를 별도로 제출해야 한다.

혼 인 신 고 서 (년 월 일)	※ 신고서 작성 시 뒷면의 작성 방법을 참고하고, 선 택항목에는 '영표(○)'로 표시하기 바랍니다.				

구 분			남 편(부)		아 내(처)	
① 혼 인 당 사 자 (신 고 인)	성명	한글	*(성) / (명)	☒ 또는 서명	*(성) / (명)	☒ 또는 서명
		한자	(성) / (명)		(성) / (명)	
	본(한자)		전화		본(한자) 전화	
	출생연월일					
	*주민등록번호		-		-	
	*등록기준지					
	*주소					
② 부 모 (양 부 모)	부 성명					
	주민등록번호		-		-	
	등록기준지					
	모 성명					
	주민등록번호		-		-	
	등록기준지					

③외국방식에 의한 혼인성립일자	년 월 일
④성·본의 협의	자녀의 성·본을 모의 성·본으로 하는 협의를 하였습니까? 예☒아니요☒
⑤근친혼 여부	혼인당사자들이 8촌이내의 혈족사이에 해당됩니까? 예☒아니요☒
⑥기타사항	

⑦ 증 인	성 명	☒ 또는 서명	주민등록번호	-
	주 소			
	성 명	☒ 또는 서명	주민등록번호	-
	주 소			

⑧ 동 의 자	남 편	부	성명	☒ 또는 서명	후 견 인	성명	☒ 또는 서명
		모	성명	☒ 또는 서명		주민등록번호	
	아 내	부	성명	☒ 또는 서명		성명	☒ 또는 서명
		모	성명	☒ 또는 서명		주민등록번호	

⑨신고인 출석여부	☒ 남편(부) ○ 아내(처)	
⑩제출인	성명	주민등록번호 -

※ 타인의 서명 또는 인장을 도용하여 허위의 신고서를 제출하거나, 허위신고를 하여 가족관계등록부에 실제와 다른 사실
을 기록하게 하는 경우에는 형법에 의하여 처벌받을 수 있습니다. 눈표(*)로 표시한 자료는 국가통계작성을 위해 통계청에
서도 수집하고 있는 자료입니다.

혼인신고서에 나타난 남녀차별

그런데 4항 밑이나 위에 "자녀의 성과 본을 아버지의 성과 본으로 하
는 협의를 하였습니까?"라는 질문은 왜 없을까? 그런 내용의 법률 조
항을 신설하거나 4번 항을 아예 없애는 것이 맞지 않을까? 그리고 왜

결혼할 때 태어나지도 않은 자녀의 성을 미리 정하라는 것일까? 자녀의 성과 본을 결정하는 것은 당연히 출생신고 때 하는 것이 공정하지 않을까?

이런 부성 중심주의가 뿌리 깊은 유교의 영향이라 생각할지 모른다. 양현아 서울대 법학전문대학원 교수는 "유교의 종주국이라 할 수 있는 중국도 자녀의 성은 아버지, 어머니 성을 각각 따를 수 있다. 유럽이나 미국에서도 가족의 성을 따르는 것은 일종의 관습일 뿐 법적 강제가 없다."고 말한다. 여성가족부는 이 문제에 대해 2018년 8월부터 민법개정을 추진하고 있으나 국회 논의는 아직 멀다(《한국일보》 2019년 7월 6일).

요즘엔 "여자는 여자다워야 한다!"는 말을 듣기 어렵다. 만약 어느 회사의 상사라는 사람이 술자리에서 이런 말을 했다간 '감 떨어지는 꼰대'라고 욕을 먹는다. 아직도 나이가 지긋한 어른들은 가장을 내조하는 순종적이고 헌신적인 아내의 이미지를 말할 때가 많다. 남자를 기본적으로 '가장'으로 놓고 여자는 남자를 도와야 한다는 가치관이다. "가장이 성공해야 집안이 잘된다!" "남자는 여자보다 권위가 있어야 하고 여러모로 앞서야 한다!"

부부가 각자 자신의 경력을 놓고 고민할 때 어른들은 여자의 양보를 당연시하는 일이 많다. 난감한 것은 남자도 그런 부모의 얘기에 수긍할 때가 많다는 것이다. 부부는 가정의 모든 부분을 같이 책임지므로 대등해야 한다. 여성의 양보와 지원만을 당연시하는 가정 분위기는 시대에 맞지 않는다.

K사는 각종 헬멧을 국내에만 제조, 판매하는 회사다. 설립 후 5년간 내수에 치중했으나 매출 증대를 위해 유능한 해외 영업 임원 J를 영입했다. 여성 임원인 J는 자기만의 개성 있는 감각과 고객 친화력으로 해외 매출을 늘려갔다. 3년간 거래하던 뉴욕의 바이어는 J에게 K사의 상품들이 시장 반응이 좋으니 미국 전역과 중남미 시장을 같이 개척하자는 제안을 했다.

이 제안은 J가 평소 간절히 기다려온 절호의 기회였다. 뉴욕과 남미를 개척하는 일은 무역업 종사자로서 꼭 해보고 싶은 해외 영업이었다. 그런데 그 일을 하려면 한 달에 2~3주간의 출장을 다녀야 한다. 가정의 협조가 필요한 것은 당연하다. 어느 날 가족회의를 했다. 남편은 조만간 자기도 기다렸던 해외 지사 발령이 있다며 자녀 둘을 부인이 더신경 써서 양육하기를 부탁했다. 남편은 본인 경력에 필요한 기회이니반드시 가야 한다며 아내에게 해외 영업의 기회를 미루라 했다.

다음 날 오후 시어머니로부터 전화가 왔다. 가정이 우선이니 돈은 좀 덜 벌더라도 회사 일을 줄이고 남편 뒷바라지를 하라고 말씀하셨다. 가장이 성공해야 하지 않겠냐며 너무나 당연하다는 듯이 말씀하셔서 어찌할지 고민 중이다.

이 상황에서 남편과 시어머니는 먼저 J의 노력을 칭찬하고 해외 파트너에게 받은 제안을 축하해주었어야 했다. 그리고 어떻게 부부 모두의 기회들을 살릴 수 있을지 서로를 배려하며 의논했어야 한다. 그랬다면 J가 얼마나 힘이 나고 기뻤을까? 그간 노력한 것이 J 자신만 잘되고자 그런 것이 아닌데. 하지만 J의 남편과 시어머니는 이미 남편 위주의 결정을 하고 J가 그것을 받아들이기를 원하고 있다.

이렇게 생각하는 가족이 J의 가족뿐일까? 부부는 대등한 관계를 유지할 때 행복할 수 있다. 남편의 사회생활이 중요하면 아내의 사회생활도 중요하다.

남성 중심주의는 부부 갈등의 출발점이다. 개인의 발전을 방해하고 이혼의 중요한 배경이 되는 남성 중심주의는 사라져야 한다.

상대의 마음을 상하게 할 수 있는 잘못된 대화

5월 21일은 부부의 날이다. 숫자 '21'에는 둘(2)이 모여 하나(1)가 된다는 의미가 담겨 있다.

부부의 날을 맞아 누군가 만든 '부부 십계명'이 인터넷에서 화제가 된 적이 있다.

1. 두 사람이 동시에 화를 내지 마세요.
2. 집에 불이 났을 때 외에는 고함을 지르지 마세요.
3. 눈이 있어도 흠을 보지 말며 입이 있어도 실수를 말하지 마세요.
4. 아내나 남편을 다른 사람과 비교하지 마세요.
5. 아픈 곳을 긁지 마세요.
6. 분을 품고 침상에 들지 마세요.

7. 처음 사랑을 잊지 마세요.

8. 결코 단념하지 마세요.

9. 숨기지 마세요.

10. 서로의 잘못을 감싸주고 사랑으로 부족함을 채워주도록 노력하세요.

위의 '부부 십계명'은 대체로 두 가지를 말하고 있다.

첫째, 부부는 서로 감싸고 배려해야 한다. 둘째, 부부는 소통에 최선을 다해야 한다.

부부는 서로 다른 환경에서 30년 내외의 시간을 산 사람들이 만나 같이 살게 된 것이다. 서로 습관과 생각이 다를 수밖에 없다. 그 '다름'에서 비롯된 논쟁과 갈등이 있는 것은 당연하다. 갈등은 각자가 가진 규칙이 부딪칠 때 생긴다.

부부가 서로 적응해 간다는 것은 공동의 규칙을 찾아간다는 의미다. 화장실 사용 습관, 빨래 놓는 방법, 지출의 우선순위, 자녀에게 말하는 방법 등 규칙의 종류는 다양하다.

규칙에는 타협이 되는 것과 양보할 수 없는 것이 있다. 부부는 서로의 규칙을 적어놓고 하나씩 검토하며 공동의 규칙을 만들어 가는 것이 좋다. 몇 번을 애기해도 타협점을 찾기 힘든 규칙은 일단 보류해두면 된다. 오늘은 만족한 방법을 찾지 못했지만, 서로를 배려하며 대화하다 보면 어느 날 타협점이 생긴다. 부부간의 이런 조율의 시간은 서로를 이해하고 좋은 관계를 갖는 데 꼭 필요하다.

이처럼 부부가 대화의 시간을 갖는 것은 부부 사이에 좋은 관계를 유지하는 데 매우 중요한 요소다. 그러나 대화를 잘못하면 오히려 다툼의 원인이 된다.

양질의 대화는 양질의 언어 습관이 있을 때 가능하다. 물론 사람의 언어 습관은 하루아침에 형성되지 않는다. 태어나서 처음 언어 능력이 갖춰지는 시기부터 주변 사람들의 대화에, 즉 대부분은 가족의 대화에 큰 영향을 받으며 오랜 시간에 걸쳐 서서히 몸에 밴다.

"어차피 기대하지도 않았어. 그렇게밖에 못 할 줄 알았어."

뭔가 잘해보려고 노력한 사람이 이런 말을 들으면 마음이 상한다. 그러나 어릴 때부터 나쁜 표현에 익숙해져 있다면 자신이 나쁜 말을 하고도 그 말이 왜 나쁜지 모를 수 있다. 배우자로부터 나쁜 말을 듣고 기분이 상했는데, 정작 그 말을 한 당사자는 상대가 왜 기분이 상했는지 몰라 당황한다. 이런 경우에 쉽게 부부간에 다툼이 생기고 그런 다툼이 반복되다 보면 대화의 단절로 이어진다.

또 개중에는 상대의 잘못을 지적하면서 자신은 원래 올곧은 성격이라 거짓말을 못 한다고 말하는 사람이 있다. 누가 거짓말을 하라고 했는가? 올곧은 성품이야 좋지만, 잘못을 직접적으로 지적받다 보면 누구든 기분이 나쁘다.

성품이 어떻든 무슨 말을 할 때는 상대를 배려하는 마음부터 가져야 한다. 상대의 부족한 부분을 꼭 지적해야겠다면 상대의 장점을 먼저 말해보자. 장점부터 먼저 말하고 상대가 고쳐야 할 점, 잘못한 점을 조심스럽게 이야기하면 상대도 기분 나쁘게 받아들이지 않을 것이다.

어떤 일의 결과에 대해 불만이 생길 때도 그 자리에서 아무 생각 없이 불평해서는 안 된다. 자칫 상대를 경멸하는 듯한 모습으로 비춰질 수 있기 때문이다. 그리고 불평은 하되 비난은 피해야 한다. 무언가를 따지고 확인할 일이 있을 때는 내 책임부터 인정하고 말을 꺼내보자.

아무리 서로 간의 사랑이 깊어도 대화 습관이 나쁘면 상대의 마음을 이해하기 어렵다. 이혼의 원인 중 1위인 성격 차이는 서로 대화가 통하지 않아서 생긴다.

성관계의 불만족, 몸이 멀어지면 마음도 멀어진다

서로의 성적 만족에 관심이 없는 부부가 행복할 수 있을까? 부부는 서로에게 성적 충족감을 주도록 노력해야 한다. 그러한 노력이 있어야 서로에게 더 깊은 친밀감을 느낄 수 있다. 성관계를 가질 때 자기만족은 각자 알아서 책임져야 한다고 생각하는 사람도 있는데, 그런 생각은 상대에게 소외감을 주기 쉽다.

또 부부가 성생활에 관심이 없다는 것은 다시 말해서 상대의 행복에 관심이 없다는 것과 같다. 서로에 대한 사랑은 있지만, 현실적인 어려움으로 인해 성생활에 관심을 가질 심적 여유가 없을 때도 있다. 그럴 때는 서로를 위로하며 힘든 시기를 함께 극복해야 한다. 부부가 어느 한쪽이든 성적으로 소외받는 시간이 길어지면 갈등이 생긴다.

그렇다면 부부의 섹스란 어떤 것일까? 부부가 성관계를 갖는 것이 단순히 성욕을 해소하기 위해서일까? 물론 그런 면도 있겠지만, 부부의 성관계는 어디까지나 애정 표현의 관점으로 바라봐야 한다. 부부가 서로 아끼고 사랑하더라도 일상의 세밀한 감정까지 전부 이해할 수는 없다. 부부는 성관계를 통해 일상에서 나누지 못한 감정과 서로에 대한 마음을 몸으로 표현한다. 그것이 부부의 성관계가 갖는 의미다.

그런데 부부간의 성관계가 삽입 섹스에 치중되어 있다면 애정 표현이 부족해지기 쉽다. 특히 우리 사회는 성관계를 삽입 섹스로만 이해하는 경향이 있는데, 자신을 아껴준다는 느낌 없이 갑자기 삽입하는 성관계는 성적 만족과 상대가 자신을 배려한다는 마음을 느낄 수 없다.

파울로 코엘료의 소설 《11분》을 보면 사람들의 평균 성관계 시간이 11분이라는 말이 나온다. 그 11분 때문에 모든 사람이 삶의 애환을 느끼고 말 못 할 비밀을 간직한다는 것이다. 코엘료는 섹스가 우리의 삶에 얼마나 중요하게 작용하는지를 말한다.

나란 존재의 무시, 외도

40대 남성 P는 산부인과 개원의다. 그의 부인 K는 남편을 열심히 내조했다. P는 병원을 빨리 안정시키려고 야간 진료를 하였고 귀가가 늦는 날이 많았다. K는 남편의 체력이 걱정되어 보양식을 챙기며 일에 지친 그를 배려하려고 애썼다. 남편이 학회 참석으로 외박을 하거나 회식이 빈번해도 일 때문이라고 생각했다. 여자 의사들과 문자를 주고받으며 친하게 지내는 것도 내버려두었지만, 이상하게 J 간호사는 항상 마음에 걸렸다.

J는 대학병원에서 남편과 일했던 30대 후반의 싱글 간호사다. K가 병원에 갈 때마다 J는 항상 남편 옆에 있었다. 병원 직원들도 남편이 학회 참석이나 수술을 할 때 J가 언제나 동행한다고 했다. 병원에서는 J가 남편의 오피스 와이프라고 소문난 지 오래됐다는 얘기도 들었다.

K는 그 생각에 고민할 때가 많았다. K는 자신에게 차가운 남편이 J와 특별한 관계라는 의심이 들자 어느 날 남편의 핸드폰을 열어보았더니 '오늘 고생 많았어.' '이따 내가 어깨 주물러줄게.' '당신 손길 참 부드럽더라.' '오늘은 특별히 잘해줄게.' 따위의 메시지가 있었다.

K는 더 이상 결혼 생활을 유지하는 것이 무의미하다고 생각했다. 이혼을 결심한 K는 이혼소송을 하고자 변호사 사무실을 찾았다. 변호사는 배우자가 불륜을 저지른 구체적인 증거가 없어도 소송 제기가 가능하다고 말했다. 문자 내용이 동료 이상으로 보이고 부부관계가 오랜 기간 없었던 점은 충분히 이혼 사유가 될 수 있다는 것이다. K는 남편과 바람을 피운 J 간호사에게도 혼인 관계를 파탄에 이르게 한 점을 이유로 위자료 청구 소송을 제기하기로 했다.

민법 제840조는 외도를 제1의 혼인 파탄 사유라 말한다.

육체보다 영혼에 더 큰 상처가 되는 폭력

42세의 남편 Y와 39세의 부인 H는 4년 전 결혼했다. 두 사람은 잘 아는 지인의 소개로 만났다. 6개월 정도의 연애 기간을 통해 충분히 대화의 시간을 갖고 결혼하기로 결심했다. 두 사람 모두 사회 경험이 많았고 신중한 편이어서 서로 원만히 잘 살아갈 것으로 믿었다.

30대 중반까지 각자 자유롭게 살았는데 부부싸움이 잦지 않을까 하는 걱정은 있었다. 신혼 초 집안 어른들을 잠시 배려해드리지 못했거나, 약속 시각에 늦은 일, 사소한 실수들이 있었지만 별 다툼은 없었다.

어느 날 늦게 퇴근한 H는 남편이 쓰레기 분리수거를 하지 않은 것을 알고 짜증을 냈다. 맞벌이를 하는 두 사람은 서로 정한 규칙이 있었고 그날은 남편이 청소하는 날이었다.

"오늘 당신이 청소하는 날이잖아. 분리수거도 안 하고 TV만 보고 있으면 어떡해? 나도 피곤한데 어쩌라는 거야? 집이 엉망이잖아!"

남편은 아무 말이 없었다.

"지난주에도 당신이 청소를 안 해서 내가 했는데 이럴 거면 약속은 왜 해? 오늘은 그냥 못 넘어가 얘기 좀 해."

그러자 남편이 갑자기 일어나며 "조용히 못 해!"라고 화를 내면서 전화기를 벽에 집어 던졌다. 식탁 의자도 바닥에 던져서 부수고 집을 나가 버렸다. 그 과정에서 부인 H는 의자 조각이 옆구리에 튀어 멍이 들었다.

H는 너무 황당했다. 아무 말도 못 하고 부서진 전화기와 의자를 치

왔다. 잠시 후 남편은 아무 일도 없었다는 듯 집에 들어왔다. 남편은 자신의 행동에 대해 별 얘기 없이 조용히 침실로 가 잠을 잤다. 그날 이후 부인이 조금이라도 짜증을 내면 남편은 집안 물건을 부수고 집을 나가 버렸다.

H는 부부가 언성을 높이고 다툴 수도 있는 건데 이 상황이 도무지 이해가 가지 않았다. H는 결혼 전 한 번도 다퉈보지 않았던 것이 큰 실수라 생각했다. 그런 일이 반복된 지 2년, H는 이혼을 고민 중이다.

가정폭력은 법적 이혼 사유다. 폭력에는 직접적인 신체 폭행뿐 아니라 정신적 피해를 일으키는 협박, 강요, 폭언도 포함된다. 이는 민법 제840조 제3호 '배우자로부터 심히 부당한 대우를 받는 경우'에 해당한다. 내 누이와 내 딸이 H와 같은 일을 당했다면 누구나 같은 말을 할 것이다.

"언제 또 폭력을 행사할지 모르니 당장 이혼해!"

문제는 주변에 알려진 가정폭력보다 그냥 참고 사는 경우가 더 많다는 것이다. 하지만 자녀 때문에, 경제적 독립에 대한 두려움 때문에 폭력을 참고 사는 건 너무 위험하다. 몸과 마음이 모두 병들 수 있다. 서둘러 변호사를 만나 본인의 권리를 찾고 폭력의 위험에서 스스로를 지켜내길 조언하고 싶다.

한번 엇나가면 끝, 고부갈등

36세의 남성 C는 34세의 여성 K와 5년 전 결혼했다. C의 어머니 P는 퇴직한 남편이 본인만 놀러 다니고 부인을 방치한다는 이유로 불만이 많았다. 그 불만은 잦은 싸움으로 이어졌고 부부는 결국 2년 전 황혼이혼을 했다.

며느리 K는 홀로 된 시어머니를 걱정하고 자주 전화를 하며 식사를 챙겼다. K는 결혼 초기부터 시어머니가 본인을 별로 좋아하지 않는다는 것을 느꼈지만 남편에게는 내색하지 않았다. 외아들인 남편이 내성적인 편이라 스트레스를 주지 않기 위해서였다.

부모님의 이혼 후 남편은 시어머니를 더 살뜰히 챙겼다. 남편은 기본적으로 성품이 유순하고 효심이 지극한 바른 사람이었다. 그런 그를 바라보는 K는 걱정과 부담을 동시에 느꼈다.

시어머니에게 전화해서 이것저것 괜찮으시냐고 안부를 여쭤봐도 시어머니는 항상 시큰둥했다. K가 시어머니를 찾아뵙겠다 하면 본인이 오시겠다며 매번 거절했다.

그러던 어느 날 남편은 더 이상 못 참겠다며 화를 냈다. 어떻게 나이 들어 이혼한 시어머니를 그렇게 방치하고 귀찮아할 수 있느냐는 것이었다. 남편은 시어머니가 며느리 때문에 화가 나고 억울해서 우울증약을 먹으며 정신과 치료를 받는다고 했다.

K야말로 너무 억울했다. 시어머니가 본인을 탐탁지 않게 생각하는 것은 알았지만 자신과 남편 사이를 이간질하는 것은 도무지 이해할 수

없었다. K는 남편에게 여러 번 사실이 아님을 설명했지만, 효자인 남편은 한마디도 들으려 하지 않았다.

시어머니는 아들이 결혼할 때 없는 살림에 집을 사준 것이 후회된다고 말했다. 이제 받을 것 받았고 시어머니가 경제력이 없다고 며느리가 자신을 심하게 무시한다는 거였다. 억울한 K는 삼자대면을 해서라도 사실을 바로잡고 싶었지만, 남편은 듣지 않았다.

고부갈등의 가장 바람직한 해결방법은 배우자와 솔직한 대화를 통해 상의한 후 같이 대처하는 것이다. 위의 사례는 배우자와 불신의 벽이 생겨 해결방법을 찾기 어려워진 상태다. 이럴 때는 제삼자의 도움이 필요하다.

아들 부부를 이간질하는 시어머니는 어쩌면 이혼 우울증으로 진짜 심각한 상태일지 모른다. 어머니의 건강을 생각해서라도 아들 부부가 좋은 관계를 갖는 것이 필요하다며 남편을 잘 설득해보길 조언하고 싶다. 부부 상담 기관을 찾아 정기적인 상담을 받으며 그간의 오해를 풀어가는 것도 좋은 방법이다.

흔히 딸 같은 며느리라는 말을 한다. 시어머니가 며느리를 딸같이 아끼고 편하게 생각한다는 의미다. 마찬가지로 "우리 시어머니는 진짜 친엄마 같아요!"라는 말도 가끔 듣는다. 시어머니가 친근하고 좋다는 표현이다. 그 취지는 이해하지만, 어디까지나 딸은 딸이고 며느리는 며느리다. 딸과의 관계와 며느리와의 관계는 분명 다르다.

내 자식이 소중하면 남의 자식도 소중하다. 민법 제840조는 시어머니의 부당한 대우를 이혼 사유로 보고 있다.

가정 경제 파탄의 지름길, 도박

39세의 부인 P는 남편의 도박 문제로 고민이 많다. 3년 전 컴퓨터를 보다가 우연히 남편이 인터넷 도박을 한다는 사실을 알게 되었다. 가벼운 장난 수준이라 생각하고 도박은 절대 안 된다고 가볍게 말하고 넘어갔다. 취미생활이 딱히 없는 남편이 심심해서 가볍게 하는 것이라고 생각했다.

그러던 어느 날 카드 회사에서 전화가 왔다. 카드 결제일인데 잔액이 부족하니 통장 잔액을 결제액만큼 유지해달라는 전화였다. 매달 10일이 남편의 급여일이라 카드 결제일은 매달 10일이었다.

남편의 월 급여는 실수령액이 월 380만 원이었고, 카드 대금은 월 120~130만 원 정도였으므로 잔액은 충분했다. 이해가 가지 않아서 남편에게 전화했다. 남편은 무슨 착오가 있었던 것 같다며 본인이 해결할 테니 신경 쓰지 말라고 했다.

이상한 느낌이 들어서 인터넷 뱅킹으로 남편의 급여계좌를 열어보았다. 급여가 들어온 날 오전 330만 원이 토토 파이낸스 앞으로 인출되어 있었다. 무슨 회사인지 알아봤지만, 외국에 주소를 둔 회사였고 연락처를 찾을 수 없었다.

퇴근한 남편에게 인터넷 화면을 보여주고 어찌 된 일이냐고 물었다. 남편은 인터넷 도박을 3년 전 끊었다가 최근 다시 시작했다고 했다. 잃었던 원금을 회복하려다 두 달 만에 1,500만 원가량 빚이 생겼다는 것이다. 그리고 앞으로 4개월 더 매달 돈을 갚아야 한다며 생활비는 대출을 받아 충당하겠다고 했다.

어이가 없었다. 다음 달에는 시아버지가 위암 수술도 받아야 하고 돈 들 일이 많은데 남편이 원망스러웠다. 3년 전 도박을 하다 끊었다는 얘기도 못 믿겠고, 다시는 도박을 하지 않겠다는 말도 못 믿겠다. 도박은 중독된다는데 앞으로 어떤 일이 일어날지 두렵다.

도박에 중독되면 생활을 유지하기 어렵다. 배우자의 도박 사실을 확인했다면 더 큰 피해를 막도록 자금관리를 꼼꼼히 해야 한다. 도박은 의지대로 끊기 어려운 중독성이 있으니 전문기관의 도움을 받는 것이 좋다. 배우자의 도박으로 가정이 경제적으로 계속 어려워지면, 그것을 혼인 파탄의 사유로 이혼과 위자료를 청구할 수 있다.

※　　※　　※　　※

달에서 바라본 지구는 아름답다. 멀리서 보기 때문이다. 가까이서 본 지구는 아름다운 자연을 해치는 공해와 온난화의 홍역을 앓고 있다.

신혼 때 멀리서 바라본 결혼은 아름답다. 중년에 가까워지며 결혼의 속살을 보게 된다. 결혼은 처음 느낌처럼 항상 아름답지만은 않다. 어쩌면 그것은 결혼 이전에 우리 삶의 본모습이기도 하다.

이혼을 결정하는 것은 결국 내 삶을 위한 선택이다. 배우자의 외도, 폭력, 도박, 고부간의 갈등으로 이혼을 선택할 수 있다. 더는 살 수 없어서 불가피하게 이혼하는 것이다. 결혼의 독으로부터 나를 지키기 위한 방어적 이혼을 하는 것이다. 그것은 이혼의 일차적 이유다.

이혼은 또 새로운 출발을 의미한다. 이혼이 어찌 결혼의 해체만을 의미하겠는가? 그런 의미로 '이혼'이란 단어는 '이혼 그 후'라는 말로 보충되어야 한다. 당신이 이혼을 결정한 이유가 '이혼 그 후'의 삶을 얻기 위함이기를 바란다.

이혼을 선택한다면 원래 내가 바랐던 삶, 내 자녀의 보호와 안정적인 성장을 얻기 위한 이혼이기를 바란다. 그러기 위한 이혼의 목적을 고민하고 준비해야 한다. 내 삶을 위해 이혼을 이해하고 공부해야 한다.

이혼으로 받은 상처의 치유

﹡

상처란 무엇인가? 이혼으로 받은 상처의 영향과 극복

상처의 사전적인 의미는 '몸을 다쳐서 부상을 입은 자리, 혹은 피해를 입은 흔적'이다. 이혼의 상처는 전 배우자와의 관계에서 생긴 아픈 기억과 감정이라 할 수 있다.

몸이건 마음이건 상처가 생기면 빨리 치료하고 건강을 회복해야 한다. 그러지 않으면 크고 작은 문제들이 생긴다. 이혼 과정에서 생긴 상처를 오래 방치하면 누구나 대인 관계에서 소극적인 태도를 갖기 쉽다. 다른 사람과 가까워지는 것을 망설이게 되고, 정말 좋은 사람을 만나도 마음을 여는 데 시간이 많이 필요해진다.

이혼 후 새롭게 시작되는 삶을 행복하게 살려면 우선 이혼하며 받은 상처부터 치유해야 한다. 주위 사람들과 좋은 관계를 유지하기 위해서라도 그것을 방해하는 부정적인 감정을 몰아내야 한다. 이제 이혼으로 받은 상처를 치유하여 마음의 건강을 되찾고 새롭게 시작되는 삶을 준비하도록 하자. 이혼의 상처를 치료하는 것은 자신의 삶을 제대로 살기 위해 기초를 다지는 일이다.

상처는 또 자신의 시선을 과거의 부정적인 기억에 머무르게 한다. 이미 지나간 일에 사로잡혀 과거의 아픔을 복습하게 한다. 부부라는 관계를 청산했다면, 그 관계에서 비롯된 상처도 청산하고 앞으로의 일에만 관심을 두자. 아무리 노력해도 과거는 변하지 않는다. 그러나 미래는 내가 원하는 삶을 선택할 수 있는 여지가 있다. 행복해지기 위해 이혼했다면 더는 과거에 머무르지 말고 현실과 미래를 응시해야 한다.

부부는 왜 서로에게 상처를 받을까?

① 상대의 마음을 느끼지 못하거나 알려고 하지 않기 때문이다.

부부라면 서로의 마음을 이해하고 감싸주어야 한다. 배우자가 지금 무엇 때문에 아파하고 슬퍼하는지, 무엇 때문에 기뻐하고 좋아하는지 알아야 배우자에게 상처를 주는 말과 행동을 삼갈 수 있다.

TV 드라마를 보며 눈물을 훔치는 아내를 보고 "뭘 시시한 드라마 하나 보고 울고 그래? 울 일이 그렇게 없어?"라고 비아냥거리듯 말하면 아내에겐 작건 크건 그 말이 상처가 된다. 그녀가 눈물을 보였다면 드라마 속에 그녀의 마음을 건드린 어떤 감성이 있는 것이다. 그것을 파악하고 존중해주는 것이 상대에 대한 배려이자 원만한 부부관계의 출발선이다.

이혼하는 남녀들은 마지막 단계에 이르면 대개 이런 말을 한다.

"난 당신을 도무지 이해 못 하겠어! 아무리 생각해도 당신 생각을 모르겠어!"

그렇게 오랜 시간 대화를 나누고도 이런 말을 남기며 헤어지는 것이 선뜻 이해가 가지 않는다. 도대체 어떻게 모를 수 있을까?

그건 상대에 대한 배려 없이 마음이 통하지 않는 대화를 나누었기 때문이다. 머리와 입으로만 하는 대화는 진정한 대화가 아니다. 대화는 단답형의 질의응답이 아니고, 필요할 때만 요구사항을 전달하는 사무적인 소통도 아니기 때문이다.

사람은 간혹 대화 없이도 상대를 깊이 이해할 수 있다. 상대가 자신의 감정을 말하지 않아도 느낄 수 있다. 표정과 분위기만으로도 충분하다. 30분 동안 말로 위로하는 것보다 가볍게 등을 토닥여주는 것만으로도 깊은 사랑을 전달할 수 있다.

친한 친구가 슬퍼할 때 별 설명을 하지 않아도 같이 아파하고 눈물을 흘렸던 경험이 있을 것이다. 그건 친구의 감정을 깊이 이해하고 받아들였기에 가능한 일이다.

반대로 아무리 많은 말을 쏟아내도 소용없을 때가 있다. 겉으로 대화는 하지만 서로의 감정을 이해하고 받아들이려는 마음이 없기 때문이다. 소통이 안 되는 대화를 할 때는 서로의 기쁨이나 괴로움에 별 관심이 없고 각자의 마음에 벽이 가로막고 있는 듯이 느낀다. 애써 표현을 해도 아무것도 전달되지 않는 느낌이다. 나는 가슴으로 얘기하고 있는데 상대는 머리로만 말한다.

서로 원하는 것을 모르는 건 상대의 감정을 교감하지 못하기 때문이다. 감정이 통해야 서로 정말 원하는 것을 알 수 있다. 대화는 말로 하지만 진정한 대화는 말로만 할 수 없다.

② 서로가 자기만의 규칙을 고집하기 때문이다.

사람은 누구나 자기만의 규칙이 있다. 사소한 생활 습관, 어른들 챙기는 방법, 자녀를 가르치는 교육방식 등 여러 규칙이 있다. 그중에는 서로 양보할 수 있는 것이 있고 타협의 여지가 없는 것이 있다.

부부는 결혼 초기 서로 다른 각자의 규칙을 조정하고 타협하는 시간을 갖는다. 이 부분의 조율이 성공적으로 이루어지면 부부 공통의 새로운 규칙이 생긴다.

부부는 새로운 규칙을 평생 같이 만들어야 한다. 거기엔 양보의 마음과 현명한 대화의 기술이 필요하다. 새로운 규칙을 만들 때 나만의 방식을 강요하면 갈등과 상처가 생긴다.

③ 상대방에게 지나치게 삶을 의존하기 때문이다.

서정윤 시인은 〈홀로 서기〉란 시에서 "둘이 만나 서는 게 아니라 홀로 선 둘이 만나는 것이다."라고 했다. 부부가 서로를 의지하고 힘이 되려면 각자가 홀로 설 수 있는 힘을 가져야 한다. 한 사람이 다른 사람에게 모든 것을 의지하고 기대는 관계는 서로 지치기 쉽다.

감정이 지치면 삶이 힘들어지고 가까운 사람이 점점 부담스러워진다. 사랑하는 이를 위해 무엇이건 할 수 있는 결혼 초기의 뜨거운 마음은 영원하지 않다.

사람의 마음은 항상 뜨거울 수도 차가울 수도 없다. 상대가 열렬히 사랑하고 실천할 수 있을 때 그가 지칠 시기를 대비해 나도 무언가를 준비해야 한다. 지금까지의 부부관계가 너무 의존적이었다면 삶에 대한 적응력을 기르기 위해 노력해야 한다.

세계적인 작가이자 강연가인 캐롤라인 미스는 말한다.

"상처와 함께 사는 것이 아니라 상처를 통해 앞으로 나아가는 것임을 명심해야 한다!"

상처를 치료하면 내공이 생기고 삶이 단단해진다. 시간이 가면 상처가 치유된다는 유행가 가사가 많지만 대충 잊히는 것과 회복은 다르다. 상처는 무엇으로 치료할 수 있는가? 마음이 다친 상처를 치유하는 최고의 명약은 지혜로운 자기 사랑이다. 자신을 사랑하면 상처에서 비롯된 고통을 이겨낼 힘이 생기고 상처가 아문다. 상처가 아물면 미숙했던 인간관계를 좀 더 현명하게 이끌어갈 수 있다.

상처 치유는 자신을 사랑해야 가능하다

영화 〈굿윌헌팅〉의 주인공 '윌'(맷 데이먼)은 수학, 법학, 역사학 등 모든 분야에 재능이 있는 천재적인 두뇌를 가지고 있다. 윌은 어린 시절 아버지로부터 매를 맞고 자랐다. 그 상처로 인해 세상에 마음을 열지 못한다.

그의 재능을 알아본 MIT 대학의 램보 수학과 교수는 대학 동기인 심리학 교수 '숀'(로빈 윌리엄스)에게 윌의 치료를 부탁한다. 치료를 받으면서 거칠었던 윌의 마음에 조금씩 변화가 생기고, 하버드대 여학생 스카일라를 만나 사랑을 느끼지만 결국 마음을 열지 못한다.

숀은 윌의 마음을 치료하기 위해 진심을 다한다.

"그건 너의 잘못이 아니야! 윌, 나도 아는 게 많지 않지만, 너의 잘못이 아니야."

눈길을 피하는 윌에게 숀은 반복해서 말한다.

"내 눈을 쳐다봐 너의 잘못이 아니야."

"알아요."

"너의 잘못이 아니야."

숀의 진정성 있는 말에 윌은 감정에 복받쳐 눈물을 흘리며 닫혔던 마음을 연다. 숀의 말은 마치 겹겹이 닫힌 윌의 마음을 한 겹씩 열며 치료하는 것 같다. 숀 또한 술주정뱅이 아버지에게 매 맞으며 성장한 아픈 가족사가 있었다. 어두운 과거를 극복해낸 숀은 자신의 상처를 보여주며 윌의 마음을 두드린다.

상처받은 마음에는 그 문을 지키는 까다롭고 괴팍한 문지기가 있다. 아무리 들어가려고 해도 웬만해선 마음의 문을 열어주지 않는다. 그 문지기의 이름은 열등감이다. 열등감을 무장해제시키고 스스로 문을 열게 하는 최고의 능력자는 사랑이다.

영화 속 숀의 간절한 눈빛은 따뜻하다. 아파하는 윌을 구해내고자 전력을 다해 자신을 던지는 숀의 눈빛에는 사랑이 깃들어 있다. 자신도 아파보았기에 윌을 이해할 수 있었던 것이다.

물론 모든 심리상담사가 숀처럼 내담자와 같은 경험을 해야만 치료가 가능한 것은 아니다. 치료의 핵심은 사랑이다. 숀이 윌을 사랑의 눈으로 바라볼 수 있었던 것은 그의 내면에 사랑이 있었기 때문이다.

숀은 지나간 삶을 억울해하지 않고 받아들였다. 숀은 어린 시절 자신의 상처를 분노나 복수심으로 더 곪게 버려두지 않고 삶에 대한 겸허와 용서로 치유했다. 그렇게 되기까지 얼마나 많이 고민했을까? 어쩌면 수백 번 마음을 다독이며 눈물로 밤을 보냈을지 모른다. 사람이 자신의 삶을 이해하고 겸허해지는 과정은 우리의 삶 전체를 관통한다.

이혼하면 결혼에 실패한 자신을 돌아보고 괴로워하는 시간을 보내게 된다. 자신의 부족함을 돌아보고 깨닫는 시간은 바둑의 '복기'처럼 지나온 삶을 정리하는 데 필요하다. 다만 그 시간이 지나친 자기비판으로 흐르지 않도록 주의해야 한다. 이혼 후 스스로를 실패자로 낙인찍거나 책임감이 없는 사람으로 치부하지 말아야 한다. 비록 한 번 실패했더라도 그것으로 인생이 끝난 것이 아니다.

이혼 후 건강한 삶을 살아가도록 스스로를 사랑으로 다독여주자. 이혼의 상처는 자신과 자신의 삶을 사랑할 때 치유할 수 있다.

이혼 가정의 자녀

이혼이 자녀에게 끼치는 영향 – 일상생활 적응에 대해

지금까지는 이혼에 관한 어른들의 고민에 대해 살펴보았다. 이제 이혼 가정의 자녀들에 대해 이야기하고자 한다.

이혼은 어른들의 결정이다. 자녀들은 부모의 설명을 들어도 이혼 전후의 사정을 이해하기 어렵다. 대충 그렇겠거니 하고 감으로만 짐작하고 그저 그 상황을 불안하게 바라볼 뿐이다.

부모가 이혼한 초기에 자녀들은 극심한 스트레스를 받는다. 이혼은 자녀의 모든 일상뿐만 아니라 앞으로의 삶 전체에 많은 영향을 끼친다. 따라서 이혼을 고려 중인 사람이라면 자녀들이 부모의 이혼으로 어떤 상황을 겪고, 어떤 고통을 느낄지 충분히 검토한 후에 결정하는 것이 꼭 필요하다.

1990년대 부모가 이혼한 자녀의 적응 문제에 대해 치열한 논쟁을 벌인 미국의 세 학자를 소개한다.

"부모의 이혼은 자녀의 인생에 부정적인 영향을 많이 끼친다!"

"이혼 가정의 자녀는 결국 잘 적응하고 별문제 없이 성장한다!"

이 두 가지 주장은 1990년대 미국 사회의 지대한 관심사였다. 이미 1960년대부터 이혼율이 높았던 미국 사회는 그에 대한 고민이 많았다. 이혼 전문가들은 《뉴스위크》와 《타임》지를 통해 이혼이 자녀에게 끼치는 영향에 대해 치열하게 논쟁했다. 그중에서도 '헤더링턴-월러스틴 논쟁'으로 불리는 두 학자의 주장은 이혼을 해석하는 입장의 차이를 극명하게 보여준다.

헤더링턴은 "자녀는 부모의 이혼 후 처음엔 혼란스러워하지만, 그 이듬해부터는 적응한다. 장기적으로는 이혼 가정의 자녀와 초혼 가정의 자녀가 일상생활에서 보이는 적응도는 별 차이가 없다."고 말한다(헤더링턴과 캘리, 2002년).

반면 월러스틴은 "부모가 이혼한 가정에서 자녀는 걱정이 많고 자기 능력을 충분히 발휘하지 못한다. 자기 비하 성향을 보이기도 한다. 때로는 화를 잘 내는 사람으로 성장한다."고 말한다(월러스틴, 2000년).

이 두 가지 주장은 지금 우리 사회가 겪는 이혼에 대한 고민의 답변이기도 하다.

이혼 소식을 접하는 사람들은 우선 그 가정의 자녀들이 부모의 이혼으로 잘못되지 않을까 걱정한다.

"이혼은 자녀에게 혼란과 상처만 준다."

"그렇지 않다. 이혼은 자녀에게 고통을 주지만 자녀들은 그것을 극복하고 성숙하게 성장할 수 있다."

한편 학자 에머리는 이처럼 이혼에 대해 엇갈린 의견에 대해 이혼이 자녀에게 미치는 영향에 관한 다섯 가지 '사실'을 제시했다.

1. 이혼은 자녀에게 막대한 스트레스를 준다.
2. 이혼으로 심리 문제가 발생할 위험이 커진다.
3. 위험이 커지기는 하지만 이혼 가정의 자녀 대다수는 초혼 가정의 자녀와 다름없이 잘 지낸다.
4. 부모의 이혼을 경험한 아이들은 극심한 아픔과 불행한 기억, 끝나지 않는 심리적 고통을 경험한다.
5. 이혼 후 아동의 적응력은 가정환경, 자녀를 보호하는 부모가 자녀와 맺는 관계, 이혼한 부모 사이의 갈등, 가족의 경제 형편, 따로 사는 부모와 자녀의 관계 등에 영향을 받는다.

자녀는 부모의 이혼으로 인해 심한 스트레스를 받는다. 이는 주의산만, 학교 적응 부진, 분노, 불안, 공격적 성향, 주의력 결핍 등으로 나타날 수 있다. 부모의 이혼을 경험한 아이들의 적응 수준은 경우에 따라 많이 다르다. 평균적인 아이들보다 성숙하고 학교생활을 잘하는 경우도 있고 불안정한 모습의 아이들도 많다.

요컨대 이혼 초기의 자녀들은 가정의 변화를 매우 힘들어하지만 차츰 나아지기도 한다. 개인차와 시간차는 있지만 이혼 가정의 자녀들은 대부분 초혼 가정의 자녀들과 다름없이 일상생활에 적응한다.

이혼이 자녀에게 끼치는 영향 – 내면적 변화에 대해

① 이혼 가정의 아이들은 줄어든 부모의 보살핌으로 인해 불안해한다.

우리나라의 경우 이혼 후 엄마가 자녀를 양육하는 경우가 많다. 그러다 보니 전업주부인 엄마는 양육비에 대한 부담이 클 수밖에 없다. 물론 전남편에게 양육비를 받기도 하지만, 많은 엄마들은 부족한 부분을 해결하고자 직장생활을 시작한다.

오랜 시간 살림을 하던 엄마는 사회생활에 적응하는 데 시간이 필요하고, 자연스럽게 아이를 돌볼 여유를 갖기가 어려워진다. 당연히 자녀는 부모의 보살핌이 줄어듦에 따라 외로움을 느낀다.

이런 여건 속의 자녀들은 경우에 따라 소극적인 성향이 강해지기도 한다. 물론 아이들은 시간이 흐름에 따라 차츰 적응하지만 그러기 위해서는 꽤 오랜 시간 혼자 애쓰고 버텨야 한다.

② 자녀는 가족에게 갖는 기대가 무너지는 고통을 느낀다.

자녀는 부모의 보살핌이 있어야 올바르게 성장할 수 있다. 하지만 이혼 가정의 자녀는 가정을 포기하는 부모의 모습을 보면서 가족에 대한 믿음과 기대가 무너지는 고통을 느낀다.

이혼의 원인이 한쪽 부모의 외도라면 그 부모에 대해 분노는 극에 달한다. 믿고 따르던 부모에게 상처를 받았기 때문에 어른에 대해 반항적인 성향을 보이기도 한다. 그런 아이들은 학교에서도 갈등과 문제를 일으키고 심한 경우 법적인 문제까지 생길 수 있다.

③ 감정에 대한 두려움이 생긴다.

아이들은 이혼이란 변화를 구조적으로 이해하기 어렵다. 왜 한쪽 부모가 집을 나가야 하는지, 집을 나간 부모와는 왜 자주 만날 수 없게 되었는지 이해하지 못한다. 자녀는 이혼이란 상황이 그저 두려울 뿐이다. 부모의 이혼으로 인한 고통이 심해지면 자녀는 그 고통을 피하려고 한다. 감정 자체를 거부하고 느끼지 않으려고 현실 회피적인 모습을 보이기도 한다.

이는 아이가 감당하기 힘든 상황을 비껴가기 위해 감정을 배제하는 선택을 한 것이다. 이런 회피적 대처 습관은 경우에 따라 성인이 될 때까지 이어져서 무표정하고 공감 능력이 떨어지는 성인으로 성장하기도 한다.

④ 이혼 가정의 자녀는 인간관계에 소극적인 성향을 보이기도 한다.

부모의 이혼을 경험한 자녀는 '부부가 아무리 사랑해도 헤어질 수 있다!'는 생각이 머릿속에 자리 잡는다. 그런 경험은 훗날 연인이 호의를 보여도 소극적으로 행동하는 이유가 될 수 있다. 또다시 상처를 받을까 봐 두려워서 사람을 만나는 데 머뭇거리게 되는 것이다.

이처럼 누군가와 가까워지는 것을 지나치게 조심하는 것은 부모가 이혼하는 과정을 보고 아무리 가까운 사이라도 실패할 수 있다는 두려움을 갖기 때문이다.

⑤ 일찍 '철'이 들고 남의 아픔에 더 민감한 사람이 되기도 한다.

자녀는 부모의 이혼 후 자신과 같이 살게 된 엄마, 혹은 아빠가 자신을 키우기 위해 바쁘게 사는 모습을 보고 부모를 돕고자 집안 살림을 돕거나 동생을 챙기는 등 자율적인 노력을 한다. 경제적으로 힘들어하는 부모의 모습을 보고 또래 집단보다 빠른 경제적 자립을 꿈꾸기도 한다. 어린 시절 겪은 어려움이 자녀를 일찍 '철들게' 한 것이다.

이렇게 일찍 철이 든 자녀들은 자신이 이미 겪은 아픔이 있기에 다른 사람의 어려움을 더 잘 공감하고 이해하는 모습을 보이기도 한다.

이혼에 대한 조언

자녀들이 부모의 이혼을 극복하는 과정은 몹시 힘들고 아프다. 이혼하지 않는 것이 최선이지만, 만약 어쩔 수 없이 이혼을 선택해야 한다면 자녀와 깊은 대화의 시간을 가지며 자녀의 고통을 최소화해야 한다.

간혹 자녀에게 고통을 주지 않겠다는 생각에 자녀 모르게 이혼하는 경우가 있다. 몇 년 후 그 사실을 알게 되었을 때 자녀는 더 큰 충격을 받고 배신감을 느낀다. 부모가 아이를 걱정하는 마음은 이해하지만 그건 현명한 방법이 아니다. 부모는 아이가 이혼 소식을 빨리 접하고 생활에 적응하도록 도와야 한다.

이혼에 이르게 된 상황을 **자녀와 먼저 소통하라**

꒰ꀤ꒱

이혼에 이르게 된 상황을 자녀와 공유하는 이유와 마음가짐

　부모는 한창 예민한 시기의 자녀를 위해 부부의 갈등을 숨기는 일이 많다. 그게 바람직한 교육이고 어른의 미덕이라 생각한다.

　"부부 문제를 시시콜콜하게 어찌 다 얘기할 수 있겠어요? 아직 어린 아이에게 고민거리만 안겨줄 뿐입니다."

　대부분의 부모는 이렇게 말한다.

　그러나 자녀는 가정의 소중한 구성원이다. 가정을 위협하는 심각한 문제가 생겼다면 아이들도 알아야 한다. 가정을 회사에 비유한다면 자녀는 가정이라는 주식회사의 주주다. 그것도 최소한 3대 주주인 셈인데 그런 주주가 회사의 존폐가 걸린 중요한 문제에 의견을 제시하고 찬반을 말할 권리도 없단 말인가?

　부부의 결혼은 당사자들만의 결심으로 출발하지만, 이혼의 과정에는 자녀의 생각과 의견이 반드시 반영되어야 한다. 민감한 사안을 나이 어린 자녀들이 이해하는 것이 힘들고 상처가 될 수도 있지만, 그렇다 해서 자녀 모르게 이혼을 결정하고 통보하는 건 잘못된 일이다.

자녀가 미성년자라 해도 가정을 흔드는 부모의 갈등을 함구하는 것은 자녀를 가정의 중요한 대화에서 배제하는 것이다. 자녀는 부모의 고민을 듣고 돕고 싶어 한다. 부모를 걱정하는 자녀의 마음을 실망시켜서는 안 된다. 물론 어린아이들이 복잡한 이혼의 과정을 전부 이해하기는 어렵다. 부모는 아이의 이해를 돕기 위해 나이와 지적 수준에 맞게 부부가 갈등하는 내용을 설명해주어야 한다.

자녀에겐 부모의 이혼에 대해 자세히 듣고 생각할 시간이 필요하다. 이런 과정은 자녀가 이혼 전후의 상황을 극복하는 데 분명 도움이 된다.

이혼의 원인인 부부 갈등을 자녀에게 말하는 것이 수치스러울 수도 있다. 배우자의 외도나 실수한 부분이 있다면 성적인 표현을 삼가며 자녀의 이해를 도와야 한다.

아이들은 자신이 소중한 가정에서 태어났고 엄마 아빠가 사랑해서 자신을 낳았다고 굳게 믿는다. 부모의 심한 다툼과 이혼은 자신을 분노와 거짓의 결과물로 오해하게 할 수 있다.

이혼의 치명적 약점은 자녀를 좌절하게 할 수 있다는 것이다. 부모가 갈등을 해결하는 것이 아니라 관계를 포기했다는 실패의 정서가 아이를 괴롭힌다. 부모의 이혼이 그렇게 비치면 자녀는 그것을 극복하는 데 힘든 시간을 보내야 한다.

이혼은 부부와 자녀 모두에게 깊은 좌절감을 줄 수 있다. 결국, 이혼했더라도 부모는 마지막까지 가정을 지키려고 노력해야 한다. 최선을 다하는 부모의 마음을 자녀에게 전해주어야 아이는 그러한 부모의 노력과 인내를 보며 부모가 비록 결혼에 실패했더라도 자신의 삶에 실망하지 않을 수 있다.

이혼의 결정과 향후의 삶을 계획하는 일은 부모와 자녀가 같이 해야 한다. 부모의 이혼으로 자녀가 부정적인 마음을 갖지 않도록 최선을 다해 돕는 것이 이혼한 부모가 자녀에게 해줄 수 있는 최소한의 사랑이다.

만약 부모가 이미 이혼하기로 결정하고 그 결과만을 통보하면 자녀에게 깊은 소외감을 줄 수 있다. 이혼 전후 자녀의 마음을 안정시키려면 겸손과 정직을 바탕으로 그 배경을 잘 설명해서 자녀의 이해를 도와야 한다.

자녀에게 부모는 든든한 버팀목

이혼 후 모든 일을 혼자 해야 하는 상황은 정서적으로나 육체적으로 부담이 크다. 이 시기에 부모는 자녀를 의지하게 된다. 부모는 자신과 이혼의 아픔을 같이 겪는 자녀를 보며 그 상황을 이겨내는 용기를 얻는다.

힘든 부모를 자녀가 걱정하고 위로하는 것은 당연하고 칭찬할 일이다. 문제는 그런 시간이 길어지면 아이들이 제대로 성장하기 어렵다는 점이다. 급격한 육체적·정서적 변화로 불안한 사춘기 자녀들은 부모를 의지하며 성장한다. 아이들에겐 응석을 부리고 자신의 불안한 마음을 표현할 부모가 필요한데, 자신을 지켜주어야 할 부모가 우울해하면 밝게 자라기 힘들다.

부모의 이혼은 자녀가 감당하기 힘든 과정이다. 부모는 자녀가 부모를 돌보는 일에 너무 무거운 부담감을 느끼지 않도록 배려해주어야 한다. 부모는 친구 같은 부모 이전에 아이에게 믿음을 주는 부모의 위치에서 흔들림 없이 서 있는 든든한 버팀목이 되어주어야 한다.

어른이 겪는 자신들의 이혼, 자녀가 겪는 부모의 이혼

부부가 이혼하는 것은 결혼 생활보다 좀 더 나은 삶을 살기 위함이다. 아이러니한 것은 결혼도 이혼도 모두 행복해지기 위한 선택이라는 점이다.

행복하려고 결혼했는데 예상과 달리 괴로운 일이 이어졌다. 생활하는 것이 너무 힘들고 더는 참을 수 없는 상황이 되어버렸다. 결혼을 유지하는 것이 무의미하다고 느낀다. 자녀를 위해 오랫동안 버티고 참아보기도 했다. 아이의 교육에 도움이 된다고 믿고 부부 사이를 지키려고 애썼지만, 점점 더 나빠졌다. 이제는 결심해야 할 것 같다.

"내가 행복해야 자녀도 행복할 수 있다."

"내가 불행하다면 아이도 불행하다."

과연 그럴까?

어른은 이혼 경험을 반면교사로 삼아 더 나은 삶을 살 수 있지만, 자녀는 다르다. 아이는 평소 가장 믿어왔던 부모가 갈등 해결을 포기한 것으로 이혼을 이해한다. 어른들은 이혼을 새로운 삶을 위한 결정으로 이해하지만, 아이들은 실패로 받아들인다.

그런 생각은 자녀의 마음에 가족과 사랑에 대한 부정적인 기억을 남긴다. 이혼 가정의 자녀들은 자신도 부모처럼 결혼에 실패할지 모른다는 두려움을 느낀다. 이혼을 이해하는 부모와 자녀의 생각은 많이 다르다.

이혼은 부모와 자녀 모두에게 깊은 영향을 주고, 부모와 자녀에게 각각 다른 영향을 준다. 그 차이를 잘 이해하고 자녀가 부모의 이혼에 잘 적응할 수 있도록 돕기 위해서는 자녀와의 깊은 대화가 필요하다.

자녀의 이해를 돕는 맞춤 설명

"아빠는 엄마를 이제 사랑하지 않아. 아빠는 다른 아줌마를 더 좋아해. 그래서 더는 같이 살기 어려워졌어!"

배우자의 외도로 이혼할 때 어린 자녀에게 부모의 이혼 사실을 설명해주는 방법은 이 정도일 것이다. 이해력이 높은 자녀에겐 좀 더 구체적으로 설명해줄 수 있겠지만, 아직 이해력이 부족한 아이에게 배우자의 외도를 너무 구체적으로 설명해주면 결혼 생활에 대한 인식과 부모에 대한 믿음에 나쁜 영향을 미칠 수도 있으니 각별히 조심해야 한다.

이처럼 부모의 이혼 사실에 대해서는 자녀의 지적 수준과 성장단계를 고려하여 가정의 중요한 변화를 전달해주는 것이 필요하다.

이혼 가정의 자녀들은 성장 후에도 부모의 이혼을 자신에게 책임이 있다고 생각하는 경우가 많다. 부모가 자신들이 이혼한 이유에 대해 자녀들에게 오랜 시간 말하지 않았기 때문이다.

자녀들의 오해와 고통을 줄여주려면 자녀의 나이에 맞는 설명으로 자녀가 올바르게 이해할 수 있도록 도와야 한다. 부모와 자녀 간의 진솔한 대화는 자녀가 현실을 극복하고 긍정적인 미래를 준비하는 데 꼭 필요하다.

자녀가 **나이별로** 생각하는 이혼

꠸

　부모의 이혼에 대해 아이들이 생각하는 것은 나이별로 다르다. 부모는 그런 아이들의 생각을 알고 있어야 아이들이 부모의 이혼으로 달라진 환경에 잘 적응할 수 있도록 도와줄 수 있다.

　아래에 기술한 아이들의 나이별 이혼에 대한 생각은 캘리포니아 주립대학 버클리 캠퍼스 사회복지대학 명예교수였던 주디스 월러스타인의 책《이혼 부모들과 자녀들의 행복 만들기》중 3장 〈발달의 사다리를 오르는 아이들〉을 참고했다.

1~3세

　아기가 성장하기 위해서는 세상에 대한 자신감이 필요하다. 아기의 자신감은 부모의 사랑과 안정감을 바탕으로 만들어진다. 아기는 자신을 보며 감동하고 행복해하는 부모로부터 사랑을 느끼고, 부모가 자신을 돌보기 위해 곁에 있을 때 보호받는다는 것을 느낀다. 또 자기가 울면 부모가 금방 달려와 돌봐준다는 사실을 배우며 신뢰를 쌓아간다.

　이 시기에 부모가 이혼하면 아기는 부모의 갈등을 예민하게 감지한다. 아기는 엄마, 아빠가 화내는 모습을 보며 울거나 초조해한다. 엄마가 우울증에 걸리면 자녀를 안정적으로 돌보기 어려워지는데, 엄마의 마음 상태는 아기의 정서에 밀접한 영향을 끼친다. 엄마가 슬프고 혼란스러움을 느끼면 아기도 그런 감정을 갖는다. 엄마가 안정감을 가지고 행복과 사랑을 느껴야 아기 또한 안정감 속에서 행복과 사랑을 느낀다.

부부 사이가 나빠서 이혼을 고민한다면 아기가 어느 정도 성장할 때까지만이라도 연기하는 것이 좋다. 아기가 영유아기에 겪는 부정적인 경험은 자신과 주변 사람에 대한 생각의 기초가 되기 때문이다.

영유아기의 아이는 부모의 전적인 사랑과 집중력을 필요로 한다. 부부 사이가 아무리 나빠도 이때만큼은 부모로서 아기에게 집중하도록 노력하자.

또 이 시기에는 되도록 아이를 다른 사람에게 맡기지 않는 것이 좋다. 아기들은 친부모의 보살핌을 필요로 한다. 아기들은 익숙한 사람이 주변에서 사라지는 것에 민감하다. 이 시기의 아기에게 친아빠, 친엄마의 사랑과 보살핌은 너무나 중요하다.

4~6세

대부분의 부모는 자녀에게 이혼 사실을 미리 알리지 않는다. 어느 날 한쪽 부모가 사라진 것을 알게 된 아이는 다른 부모도 자신을 떠날까 봐 걱정한다. 부모의 이혼에 대해 미리 설명을 듣지 못한 아이는 그 책임이 자신에게 있다고 생각하는데, 특히 이 시기의 아이들은 이혼의 복잡한 결정 과정을 이해할 능력이 없다.

이 시기의 아이들은 사고력이 미숙하므로 설명을 들어도 쉽게 이해하지 못한다. 이런 이유로 이혼 사실을 아이에게 미리 반복해서 설명해주는 것이 필요하다. 이혼에 대해 설명할 때도 엄마 아빠가 헤어져도 자신을 절대 떠나지 않는다는 것을 확신하도록 설명해주어야 한다.

이혼 후에는 자녀를 위해서 되도록 이혼 전과 같은 일상을 유지하는 것이 좋다. 이혼 전과 다름없이 생활하고, 이혼 전과 다름없이 부모 모두 늘 곁에 같이 있다는 인식을 주고…….

이 시기의 아이들은 부모가 사전 설명 없이 하루만 떨어져 있어도 두려움을 느낀다. 언제나 함께할 것이라고 미리 설명해줘도 부모가 자신의 곁을 비우면 불안을 느낀다. 이 시기의 아이에게는 부모가 자녀와 떨어져 있을 때도 자녀 생각을 하고 있고 곧 만나자고 얘기해주는 것이 큰 위안이 된다.

아이는 부모가 자신의 불안감을 이해해주고 불시에 버림받을지 모른다는 마음을 위로해주기를 바란다. 자녀는 자신이 부모와 꼭 함께 살 것이라는 확신을 원한다. 좋아하는 장난감을 계속 가지고 놀 수 있고 형제, 친구들과 같이 지내고 싶어 한다.

부모의 이혼을 경험한 이 시기의 아이들은 부모를 잃을지 모른다는 두려움을 갖는데, 다른 한쪽 부모를 만나기 위해 집을 나설 때 아이를 격려하고 응원해주면 이런 두려움을 줄여줄 수 있다. 반복적인 고백이 무의미하게 느껴지더라도 언제나 자녀와 함께할 것이라고 말해주는 노력이 아이의 마음을 안정시킨다.

7~9세

아이가 학교생활을 시작하는 시기다. 이 시기의 아이들은 가족을 통해 안정감을 얻고 싶어 한다. 부모의 이혼은 그런 자녀들에게 분노와 짜증스러운 감정을 느끼게 하고, 친구들과의 관계를 어렵게 만든다.

부모가 이혼한 후 몇 년이 지난 아이 중에도 이 시기에는 부모의 이혼을 여전히 자기 탓으로 생각하는 아이가 있다. 아직은 부부간의 갈등과 이혼의 인과관계를 이해할 수 있는 지적 수준이 아니기 때문이다. 아이는 자신이 힘들더라도 오히려 가정을 떠난 부모가 잘 지내는지를 걱정한다. 아이들은 부모의 사랑과 부모의 안정을 바랄 뿐이다. 아이들에겐 부모 모두를 편히 볼 수 있는 환경이 필요하다.

이혼 가정의 아이는 학교생활에 적응하기 힘들어할 수 있다. 부모는 교사와 면담할 때 아이가 수업 시간에 산만하다거나 아이에 대한 이런저런 불평을 들을 수도 있다. 이런 아이에게는 선생님과 부모 모두 자신을 걱정하고 있다는 믿음을 심어주어야 한다. 학교생활을 그렇게 하면 안 된다는 따가운 지적보다는 아이를 이해하고 사랑하는 마음을 전해주면 아이는 용기를 얻을 수 있다. 아이와는 변화된 생활과 방과 후 활동, 친구 관계 등에 대해서 자주 대화하는 것이 좋다.

초등학교 저학년 아이들은 서로 친구 집에 놀러 가 "먹을 것 없어요?"라고 스스럼없이 묻기도 한다. 그런 친구들을 떠나 다른 동네로 이사하면 아이가 느끼는 상실감은 꽤 클 수 있다. 그럴 경우 자녀가 새로운 환경에 잘 적응할 수 있도록 도와주어야 한다. 새 동네의 또래들과 운동 모임이나 기타 활동을 하게 함으로써 새로운 환경에 적응하도록 도와주자.

또 아이는 부모의 이혼으로 혼란스럽지만, 집안 상황이 차츰 정리되고 있다는 안정감을 느끼길 원한다. 아이가 새로운 환경에 잘 적응하려면 전 배우자와 함께 지속적인 격려를 하는 것이 필요하다. 부부로서의 관계는 끝났지만, 부모로서의 역할에는 충실해야 한다.

10~11세

아이들이 자신의 생각과 다른 사람의 생각을 구분할 수 있는 시기다. "아빠와 엄마가 원하는 것과 내가 원하는 것은 달라! 난 아빠, 엄마의 생각에 동의하지 않아!"라고 반항적으로 말하기도 한다. 초등학교 저학년 때(8~9세)는 대체로 선생님을 좋아하고 부모님과 같이 있는 것을 좋아하지만, 이 나이가 되면 선생님에 대해 평가하고 부모와 있을 때 지루함을 표현하기도 한다. 어른들의 얘기를 듣고 잔소리라고 짜증내는 일도 늘어나고, 부모의 행동 중 부당하다고 생각하는 것을 비판하기도 한다.

이 시기의 아이들은 사춘기를 맞이했거나 앞두고 있다. 자신이 가족의 중심적인 위치라 생각할 때가 많다. 아이들은 자신이 주목받는 위치에서 부모로부터 티 나지 않게 지원받기를 원한다. 부모의 도움은 원하지만, 친구들 앞에서 부모의 도움을 받는 것은 부끄러워한다.

이 연령대의 아이들은 부모의 이혼에 분노를 표현할 줄 안다. 심지어 동생과 한편이 되어 부모를 비판하기도 한다. 아이들의 내적 갈등은 학교에서 여러 문제를 일으키는 것으로 나타나기도 하는데, 학교생활 중 친구들과 싸움을 벌이는 것도 사실 그 분노의 원인은 이혼한 부모인 경우가 많다.

아이들은 이혼의 책임이 있는 부모에게 화를 내며 부모 중 약해 보이는 편에 서기도 한다. 또 부모가 이혼 결정을 번복하고 재결합하기를 원하는데, 그런 아이의 마음에는 자신이 보호받는 것과 부모에 대한 걱정이 담겨 있다.

이 시기의 아이들은 자기주장은 강하지만 규칙과 질서는 지킬 줄 모른다. 부모는 아이가 어른 앞이나 학교에서 무례하게 행동하지 않도록 규칙을 세워줘야 한다. 이것을 전달하는 과정에서 아이들의 비아냥과 거친 행동이 나타나기도 하는데, 이럴 때 부모가 자제심을 잃고 아이에게 화를 냈더라도 너무 자책하거나 괴로워할 필요는 없다. 아이도 자신이 잘못했다는 것을 알고 있기 때문에 아이에게 사과하고 다시 차분히 설명해주면 된다. 이 시기의 아이들에게 이혼 후 생활 규칙을 가르치는 일은 인내가 필요하다.

12~14세

사춘기는 아이들이 자신의 신체적 성장과 감정적 변화를 감당하기 어려운 시기이다. 이 시기의 아이들은 무엇이건 자기 마음대로 하고 싶어 한다. 부모가 말해도 잘 듣지 않고, 부모는 자녀의 예상치 못한 행동에 당황할 때가 많다. 예의 없고 멋대로인 이 시기의 아이들은 부모를 존중하지 않는다.

사춘기는 부모가 아이들을 교육하기 까다로운 시기인데, 부모가 사춘기 자녀를 가르치고 대화하는 것은 인내심과 기다림을 필요로 한다.

이 시기에 부모의 이혼 통보를 들은 아이들은 겉으로 분노를 표현하거나 속으로 상처를 받는다.

부모의 이혼을 아프지만 담담히 받아들이려고 애쓰는 한 여학생이 있었다. 그 여학생의 엄마는 속 깊은 아이를 위로하고 칭찬하기도 했다. 그런데 열일곱 살 때 남자친구를 사귀게 된 그 여학생은 남자친구가 갑자기 자신을 떠날까 봐 늘 겁을 냈다. 부모의 이혼으로 '사랑하는 사람들의 갑작스러운 결별'을 경험한 그 여학생은 상실에 대한 두려움을 그때까지 줄곧 마음속에 품고 있었던 것이다.

사춘기의 자녀는 이혼한 엄마가 연애한다는 소식을 듣고 첫 성관계를 결심하기도 한다. 부모는 '왜?'라고 반문하며 그런 자녀를 이해하기 어려울 것이다. 사춘기의 특징은 몸은 빠르게 성장하는 데 비해 마음은 그것을 따라가지 못하고 불안하다. 이혼 후 부모의 이성 관계의 변화는 아이들에게 충격을 줄 수 있다. 부모가 이성을 사귈 때 어느 정도 안정기에 접어들 때까지는 집에 초대하거나 소개하는 것을 삼가야 한다. 자녀가 부모의 새로운 이성 친구를 볼 때 친아빠, 친엄마에 대해 양심의 가책을 느끼기 쉽기 때문이다.

부모가 이혼했다면 자녀에게 새아빠, 새엄마가 생길 수 있다. 새아빠나 새엄마도 자녀에게 정말 소중한 가족이 될 수 있지만, 그 첫 만남은 신중하게 이뤄져야 한다. 사춘기의 자녀는 부모의 연인과 잘 지내는 것이 한쪽 부모를 배신하는 것이라 생각하고 거부감을 갖기 쉽다. 이 시기의 자녀들은 부모의 변화나 행동을 민감히 보고 영향을 많이 받는다.

이혼 후 생활하기 바쁘고 힘들더라도 자녀와 대화하는 시간을 자주 가져야 한다. 일주일에 한 번은 아이가 좋아하는 음식을 같이 먹으며 아이와 학교생활을 얘기하고 감정을 나누는 대화를 해야 한다. 이 과정은 아이에게뿐 아니라 부모에게도 유익하다.

이혼 후 힘든 시기에 자녀와 대화하는 것은 부모와 자녀 모두에게 용기를 주고 도움이 된다. 사춘기 아이들은 이혼한 부모가 잘되기를 바라고 자기 옆을 확고히 지켜주기를 원한다.

15~19세

이 시기의 자녀들은 부모의 이혼에 대해 이해하고 싶어 한다. 소중한 시기에 자신에게 깊은 고민을 안겨준 부모의 결정이기 때문이다. 따라서 부모는 자녀에게 이혼에 대해 진지하게 설명해줘야 한다. 아이는 가장 소중한 부모의 일이며 자신의 삶에 가장 큰 영향을 준 일이므로 그에 대해 분명 들을 권리가 있다.

그런데 아이에게 설명해주는 과정에서 부모로서 말하기 어려운 부분이 있을 수도 있다. 아이에게 소중한 아빠이고 엄마인데 그런 부모가 불륜을 저질러서 이혼에 이르렀다는 이야기는 참 말하기 어렵다.

그러나 불륜 이야기가 나와도 숨기지 말아야 한다. 진실하게 답변해줘야 한다. 다만 성적인 부분까지 자세히 설명할 필요는 없다. 아이들이 원하는 것은 그런 것이 아니라 서로 사랑했던 부모가 마음이 멀어지게 된 배경을 듣고 납득하고 싶은 것이다. 철이 들지 않은 아이가 부모의 설명을 얼마나 이해할까 싶을지 모른다. 그러나 부모의 이야기를 듣기 전에 이미 아이 스스로 어느 정도 짐작하고 있을 때가 많다.

불륜을 이야기하는 과정에서도 이혼한 한쪽 배우자를 비난하고 인격적으로 깎아내리지 않도록 조심해야 한다. 이혼해서 따로 살아도 아이에게는 부모가 모두 필요하기 때문이다. 비록 이혼한 전 배우자가 밉더라도 아이를 위한다면 아이에게만은 그런 마음을 드러내지 말아야 한다.

어쩌면 이혼 후 몇 해가 지났어도 전 배우자를 아직 미워하고 용서하지 못하고 있을 수도 있다. 충분히 그럴 수 있다. 사랑의 실망과 상처는 단기간에 아무는 것이 아니다. 하지만 이혼한 부부의 문제로 인해 자녀가 두 번 상처받는 일은 없어야 한다. 자녀와 부모의 관계를 배려해서 잘 설명해주길 바란다.

이 시기의 아이들은 자신의 진로와 미래에 대해 고민이 많다. 앞으로 무엇을 하고 싶다거나 자신만의 포부, 삶의 목표를 부모에게 말하기도 한다. 자녀들에게 부모는 가장 가까운 삶의 모델이다.

미래를 생각하는 데 엄마, 아빠의 격려와 후원을 원하는 것은 당연한 일이다. 이때 특별히 좋은 영향을 줄 수 있는 것은 아빠가 주는 격려와 용기다. 아빠는 자녀들에게 미래 사회생활의 모델인 경우가 많으므로 아이들이 자존감을 높일 수 있도록 좀 더 구체적인 얘기를 해주는 것이 좋다. 아이가 관심을 보이는 분야에 대해 부모가 조언해주고 사람을 소개해줄 수 있으면 더욱 좋다.

사람은 때로 예상 못 한 삶을 살기도 한다. 원하지 않는 선택을 할 때도 있다. 그런 상황과 고민, 어른들의 실수를 솔직히 고백하고 자녀와 대화하자. 이혼은 부모와 자녀를 아프게 하지만 더 단단하게 성장시키는 계기가 될 수 있다.

고등학교 졸업 이후

고등학교를 졸업한 자녀는 직업을 갖거나 대학에 갈 수도 있고, 군에 입대할 수도 있다. 어느 쪽이든 이제 성인으로 대우받고 스스로를 책임지는 나이가 된 것이다. 물론 이 시기의 자녀에게도 부모의 이혼은 큰 충격이다. 그때까지 자신이 자라온 기반인 가정이 부모의 이혼으로 붕괴된 것이기 때문이다.

가정이 깨지고 어린 시절의 보금자리가 없어진다는 것은 자녀에게 삶의 근거지가 없어지는 상실감을 준다. 직장생활을 하거나 대학에 진학한 자녀가 부모의 이혼 소식을 접하면 일상생활에 집중하기 어렵다. 하지만 부모의 입장과 감정은 자녀들과 다르다. 어떤 부모는 답답한 마음에 자녀에게 지나온 결혼 생활을 혐오하고 부정하는 얘기를 하기도 한다. 중년 이후 이혼을 하며 이제 성인이 된 자녀를 의지하는 부모의 마음은 이해한다. 그러나 자녀는 부모의 결혼을 벗어나서 자신의 삶을 설명할 수 없다. 자신이 태어나고 자란 곳이 부모님이 계신 가정이었기 때문이다.

부모가 힘겨웠던 결혼 생활을 부정하고 싶은 마음이 들더라도 자녀에게 그것을 표현하면 안 된다. 성인이 된 자녀는 그런 부모의 마음을 이해하고 위로하려 애쓰지만 속으로는 깊은 고통과 슬픔을 느낀다.

자녀는 이미 부모의 갈등을 잘 알고 있을지 모른다. 그렇다 해도 부모가 상대를 비난하고 험담하는 것은 자녀에게 큰 고통을 준다. 자녀들은 나이가 들수록 부모에 대한 존경심이 더 깊어진다. 그런 자녀를 도우려면 전 배우자를 존중하고 최대한 배려해야 한다. 부모의 감정과 입장으로 자녀를 끌어당기는 것은 자녀로서 괴롭고 슬픈 일이다.

성인기의 자녀는 자신과 부모, 또 부모 간의 좋은 관계가 더욱 필요하다. 연애와 결혼을 생각하는 성인 자녀들이 부모의 원만한 관계를 원하는 것은 당연한 일이다.

이혼 소식을 접한 자녀는 부모를 화해시키기 위해 하던 일이나 공부를 중단하고 당장이라도 달려오려고 할지 모른다. 삶에 대한 현실적 불안감을 느낀 자녀가 그 상황을 바꿔보려고 다급한 마음을 갖는 것은 당연한 일이기 때문이다.

성인 자녀를 둔 부모는 크게 실망하고 혼란스러워하는 자녀를 만나서 잘 설명하고 안정감을 주어야 한다. 이혼에 대해 자녀가 납득할 수 있는 수준의 설명을 해주어야 하는데, 긴 통화보다는 만나서 상황을 전달하는 것이 자녀가 안정감을 갖는 데 도움이 된다.

그리고 되도록 부모 두 사람이 같은 자리에서 설명해주는 것이 좋다. 무엇보다도 향후 자녀의 학업이나 결혼 등 미래의 상황에 대해 부모로서 서로 협조하며 자녀에 대한 관심과 믿음이 변치 않을 것임을 전하는 것이 중요하다.

※　※　※　※

부모는 이혼 후 불안해하는 자녀의 마음을 이해하고 모든 질문에 대해 잘 설명해주어야 한다. 영 유아기부터 성인기까지 모든 자녀들은 부모의 관심과 사랑을 필요로 한다. 자녀를 이해하고 격려하는 부모의 노력은 힘든 시기의 자녀가 안정을 찾는 데 도움이 된다.

이혼 전후 여성의 심리

이혼 전의 마음

① 아이만 아니면 당장이라도 이혼하고 싶다!

이혼하고 싶은데 애가 너무 어리다. 애가 어느 정도 성장한 다음 이혼하리라 마음먹었다. 이혼하면 경제력이 없어서 양육권을 빼앗기지 않을까 걱정이다.

② 시댁의 '시'자만 들어도 스트레스를 받는다.

가정생활에 비밀이 없다. 현관 비밀번호를 아는 시어머니는 집을 수시로 드나드신다. 비밀번호를 바꿔도 소용없다. 남편이 금방 알려드린다. 남편은 중요한 일을 나와 결정하지 않는다. 시부모님의 의견을 들은 후 나에게 설명한다. 결혼 전에는 효자들을 좋게 생각했다. 남편은 부모를 공경하는 것과 시댁을 우선하는 것을 구분 못 한다.

③ 이혼 후 양육에 실패하지 않을까? 아빠 없이 아이가 잘 클 수 있을까?

이혼하면 아이가 두 집을 오가야 할 텐데 안정적으로 성장할 수 있을까? 아이가 균형 있게 성장하려면 엄마, 아빠 모두가 필요한데 별문제가 없을까? 아이를 내가 양육하면 아빠를 보는 날이 줄어들 텐데 아이가 아무 문제 없이 잘 클 수 있을까?

④ 진짜 좋은 엄마가 되고 싶다.

아이들을 잘 이해하고 다독이는 좋은 엄마이고 싶다. 애들이 웬만한 응석을 부려도 잘 받아주고 현명하게 양육하는 똑똑한 엄마가 되고 싶다. 마음은 그렇지만 잘 안 된다. 자꾸 짜증이 나고 화가 나서 아이들에게 퉁명스럽게 대할 때가 많다.

⑤ 결혼 후 나 자신을 너무 많이 잃어버렸다.

난 결혼 전에 주변 사람들에게 인기도 많았고 무엇을 하고자 하는 의욕도 강했다. 밝고 적극적인 성격이었지만, 지금은 그렇지 못하다. 새로운 것을 생각할 때 중간에 그만두지 않을지 걱정이 앞선다. 내 의지나 실천력이 약한 편은 아니다. 난 그런 무기력한 사람이 아니다. 챙길 일이 많아 결심한 일을 못 할 때가 많은데 남편은 항상 게으르다고 핀잔을 준다. 그런 말을 여러 번 듣다 보니 점차 소심해지고 소극적이 되는 것 같다.

⑥ 남편은 내 편이 아니다. 따뜻한 말을 들은 지 오래다.

주변 사람들과 갈등이 생길 때 남편에게 말하면 자신을 나무랄 때가 대부분이다. 시댁과 관련해서 속 답답한 얘기를 하면 매번 다투게 된다. 남편은 자신의 성품이 강직하고 객관적이라고 말한다. 그런 이유로 거짓말을 절대 못 한다며 냉정한 얘기만 한다. 따뜻한 위로, 다독이는 말을 들은 지 오래다.

⑦ 우울한 감정이 들 때가 많다.

특별히 힘들거나 나쁜 일이 있는 것도 아닌데 괜히 우울한 감정이 들 때가 많다. 신앙생활을 하는데도 우울감은 여전하다. 이유를 모르겠다. 크고 작은 갈등과 다툼이 없는 결혼이 있을까? 다른 엄마들도 나 같은 감정을 느끼고 있을까?

이혼 후의 마음

① 예전보다 많이 밝아졌다.

이혼 전에는 나 스스로를 의존적인 사람이라고 생각했다. 전남편은 자기 도움 없이는 내가 아무것도 못 할 거라 했다. 그럴 때마다 그 말을 부정하면서도 마음에 걸려 불안했다.

이혼 후 집 문제, 아이 문제 등 여러 어려움을 하나씩 해결하며 적극적인 내 모습을 발견하고 있다. 나는 무기력한 사람이 아니다. 힘들어도 잘 버틴다. 아침마다 "너 너무 잘하고 있어 화이팅!"을 외친다.

② 혼자서 할 수 있을까 걱정했는데 하다 보니 못 할 것도 없겠다 싶다.

　이혼 후 전남편이 보내주는 양육비로는 생활하기 힘들었다. 돈을 벌어야 해서 새 일을 시작했다. 직장생활을 한 지 15년이 지나서 낯설고 두려웠지만 용기를 냈다. 소심하게 걱정만 앞세우면 될 일이 없어서 일단 부딪쳤다. 막상 도전하고 나니 차츰 일이 손에 익고 자신감도 생긴다. 주변 사람들도 도와주고 점점 나아지고 있다.

③ 3년쯤 지나자 마음과 생활이 많이 편해졌다.

　이혼 후 많이 힘들었다. 내가 왜 결혼에 실패해야 했는지 생각하면 화나고 억울했다. 그런 생각이 들 때마다 더 잘 살아야 한다고 마음먹고 열심히 일했다. 하루하루 바쁜 일상이 이어졌다. 남들은 시간이 약이라 했지만 난 그렇게 생각하지 않았다. 난 내 노력으로 다시 삶을 튼튼히 바로 세우고 싶었다. 지금의 안정은 나 스스로가 이혼의 아픔을 극복하고 열심히 살아온 결과다.

　이혼은 인생의 치명상이 아니다. 분명하다. 이혼이 치명상이라면 이혼한 사람들 모두가 정신병원에 입원하거나 사회생활이 불가능해야 한다.

　이혼 후 많이 힘들기는 했다. 사람을 피하기도 하고 혼자 종일 TV를 보는 날도 많았다. 옛 생각에 사로잡혀 와인을 마시고 겨우 잠들기도 했다. 전 배우자가 너무 미워서 울기도 했다

　그러던 어느 날 깨달았다. 결혼도 내가 했고 이혼도 내가 했고 이제

나를 행복하게 해주는 것도 '나 자신'이라고. 그렇게 담담히 이혼을 받아들이기까지 2~3년의 시간이 필요했다. 이제는 누구를 원망하거나 피하지 않는다. 부부동반 모임에 가도 너무 부정적인 사람들만 아니면 같이 즐거운 시간을 보낼 수 있다.

④ 사람을 보는 관점이 좀 달라졌다.

　예전에는 키 크고 잘생기고 경제력 있는 사람이면 무조건 호감이 갔다. 이제는 내 얘기를 잘 들어주고 배려심 있는 사람이 좋다. 외모가 호감형이라도 따뜻함이 없으면 만나기 싫다. 사회관계를 잘하는 사람도 겉만 번지르르한 사람은 싫다. 인간관계가 넓은 사람보다 가까운 사람에게 진솔하고 담백한 사람이 좋다. 예전에는 쇼핑 다니고 화려한 게 좋았다. 이제는 편한 친구와 카페에서 대화하는 시간이 더 소중하다.

⑤ 내 마음을 표현하는 데 더 과감해진 것 같다.

　전남편과 공감 가는 대화를 하기 어려웠다. 감정 표현을 해도 별 호응이 없었다. 나도 그런 분위기에 익숙해져서 감정 표현도 말수도 차츰 없어졌다.

　이혼 후에는 달라졌다. 아이와 대화하며 감정 표현이 많아졌다. 힘들고 슬픈 날에는 친구를 만나 수다를 떨었다. 아이가 학교에서 칭찬을 들으면 이혼 전보다 더 축하해주고 칭찬해주었다.

　아이에게 "넌 남자니까 울지 마. 남자답고 씩씩해야 해!"라고 감정조

절을 강요하지도 않는다. 남자가 울지 않는다 해서 책임감이 강하고 자기 식구 잘 돌보는 게 아니란 걸 이제 확실히 안다. 다른 사람을 배려하느라, 눈치 보느라, 자기감정을 숨기는 것은 부질없는 허세일 뿐이다. 내 감정과 마음에 충실하게 살아가는 지금이 좋다.

⑥ 누구를 의지하지 않고 사는 게 편하고 좋다.

전남편은 사업이 어려워 보일 때 무슨 문제가 있는지 물어봐도 별 대답이 없었다. 귀찮아서였을까? 내가 사정을 들어도 걱정만 할 뿐 해결방법을 제시할 능력이 안 된다고 생각해서였을까? 처음에는 배려라고 생각했지만, 점차 무시당하는 느낌이 들었다. 남편은 어느 날 "알아서 뭐 해?"라고 말했고, 그날 이후 대화는 끊어지고 말았다.

이혼 후 이제 모든 일을 나 혼자 처리한다. 몸이 힘들고 아이를 키우는 일이 만만치 않지만, 충분히 잘할 수 있다. 무슨 문제건 내가 책임지고 해결하겠다는 마음을 먹은 후 미래를 걱정하는 일은 거의 없다. 대화가 없는 사람과 가정을 이끌어가는 것이 훨씬 힘든 일이다. 하루하루 감사한 마음이 들 때가 많다.

⑦ 바빠졌지만 나에 대한 투자를 더 하고 있다.

이혼 후 많이 바빠졌다. 일하고 아이 키우느라 하루가 너무 빨리 지나간다. 일이 많으면 지치고 진이 빠져야 하는데 그렇지는 않다. 부부 갈등으로 싸우는 일이 없고 말 안 통하는 사람과 의논할 일이 없어서 스트레스가 줄었다.

무엇보다 좋은 건 나 자신을 위해 투자하는 시간이 늘어난 점이다. 피곤할 때도 운동과 영어 회화 모임은 꼭 참석하고 있다. 이번 여름에는 아이들과 영국 여행을 다녀올 생각이다.

이혼 후의 두려움을 버리고

이혼을 고민하는 여성들은 이혼 이후의 상황을 걱정한다. 그 걱정의 핵심은 자녀 양육이다. 아이들은 아빠, 엄마의 보살핌 아래 커야 하는데 이혼 후 자녀가 잘 성장할 수 있을까? 일도 하고 자녀 양육도 하고 이혼 전보다 모든 일을 잘 해낼 수 있을까?

여러 걱정과 불안감에도 불구하고 이혼을 해야 하는 상황이라면 너무 두려워하지 말자. 우리 주변에는 이혼 후 잘 적응하고 자녀도 바르게 잘 성장하는 가정들이 많다. 그들은 모두 이혼 전후 고통을 겪으며 힘겹게 마음을 추스르고 삶을 위해 노력한 사람들이다.

다만 이혼은 현실이므로 이후의 삶을 철저히 준비해야 한다. 지혜로운 지인들에게 조언을 구하고 이혼 후의 생활을 위해 미리 공부해야 한다.

이혼 사실을 알릴 때의 **마음가짐**과 적절한 **시기**

＊

자녀가 받을 충격을 최소화하여 이혼 사실을 말하는 방법

① 자녀에게 말하기 전에 부부가 해야 할 세 가지 약속

이혼을 결심한 부부는 의논할 것이 많다. 자녀 양육을 누가 맡을지 정하고 재산을 분할해야 한다. 또 자녀에게 부모의 이혼 사실을 전해야 한다. 문제는 부부의 감정이 나쁜 상태이므로 대화가 어렵다는 점이다.

의논할 일은 많은데 소통이 어렵다면 아래 세 가지 원칙을 공유하고 대화에 임하기 바란다. 자녀에게 될 수 있으면 피해가 덜 가는 이혼을 하기 위해 부부가 먼저 합의할 내용들이다.

첫째, 자녀 양육권에 관한 결정은 자녀를 위해 한다는 약속이 필요하다.

이혼 직후 부부는 상실감에 시달린다. 감정적인 아픔과 현실의 변화를 이겨내는 이중고를 겪는다. 그런 시기에 아이를 의지하고 옆에 두고 싶어 하는 것은 당연한 일이다. 이혼한 부부가 자녀의 양육을 서로 고집하고 다투면 자녀는 눈치를 보며 괴로워한다.

자녀 양육을 위한 의논은 아이가 가장 안정적으로 잘 성장할 수 있는 환경을 찾고자 함이다. 아이의 양육을 위해 서로 협조할 생각 없이 자기주장만 한다면 자녀는 더욱 참담해진다.

둘째, 자녀를 부모의 싸움에 끌어들이지 않겠다는 약속이 필요하다.

이혼 전후에는 부부간에 정리할 일이 많다. 그것을 의논하다 다투는 일이 생길 수 있다. 부모는 자녀에게 그런 갈등에 대해 말해주더라도 아이를 갈등 자체에 끌어들이면 안 된다. 이혼 전후에는 부부가 각자의 주장을 자녀에게 강요하며 편들기를 요구하는 일이 많다. 아이를 설득해서 자기 편을 들게 하고 자신의 의견에 따르도록 유도하는 일은 아이에게 고통을 준다.

부부의 문제는 부부 선에서 끝내야 한다. 아이를 위해 한쪽 부모인 배우자를 존중하려는 노력이 필요하다.

셋째, 자녀에 대해 의논할 때는 부부의 감정을 버리고 부모로서 대화하도록 노력한다.

부부가 이혼하는 건 서로가 살면서 많은 부분이 맞지 않고 타협도 안 되기 때문이다. 이혼하는 부부는 자녀의 전반적인 양육 사안들에 대해 의논하며 다투기 쉽다. 이때 부부로서 가진 나쁜 감정을 가지고 상대를 폄하하고 비난하지 않도록 각별히 주의해야 한다.

부부간의 부정적인 감정을 버리고 부모로서 서로의 의견을 존중하는 것이 진정 아이를 위하는 길이다.

② 자녀에게 이혼 사실을 말할 때 주의해야 할 것들.

첫째, 자녀에게 말하기 전에 아이가 물을 만한 기본적인 질문을 같이 검토하고 정리해야 한다. 자녀는 어디서 누구와 같이 사는지 부모와의 관계는 어찌되는지가 궁금하다. 또 이혼 후 집을 나간 부모를 얼마나 자주 만나는지를 묻기도 한다.

자녀는 부모의 이혼 사실을 들은 후에 여러 차례 궁금한 것을 질문할 것이다. 이혼하는 부부는 자녀에게 동일한 답변을 하도록 충분히 의논해야 한다.

자녀가 부모에게 물을 수 있는 예상 질문들을 간추려보면 다음과 같다.

"나는 엄마 아빠와 계속 같이 사는 거야?"

"나는 어디서 살아?"

"이제 다른 곳에서 사는 거야?"

"지금 사는 집에서 계속 사는 거야?"

"엄마 아빠는 계속 내 엄마 아빠야?"

"나는 누가 키워주는 거야?"

"엄마가 여기서 살면 아빠는 어디서 살아?"

"누나는 계속 같이 사는 거야?"

둘째, 자녀에게 이혼 사실을 얘기할 때는 부부가 같이 한자리에서 하는 것이 좋다.

많은 부부가 자녀에게 이혼 사실을 설명할 때 따로따로 혼자 말하기를 원한다. 감정이 좋지 않은 두 사람이 한자리에서 말하는 것이 불편하기 때문이다. 하지만 그것은 어른들의 입장만을 생각하는 행동이다. 부모는 가족이 헤어지는 상황을 잘 정리해서 자녀에게 한자리에서 진지하게 설명하려고 노력해야 한다.

이때 부모는 같은 자리에서 이야기하다 언성이 높아지지 않도록 주의해야 한다. 그런 일이 생기면 자녀의 불안감이 커진다. 부모는 가정의 중대사를 자녀와 잘 나누기 위해 미리 무엇을 얘기할 것인지 준비해야 한다.

어린 시절에 들은 부모의 이혼 통보는 자녀들이 평생 기억하는 엄청난 사건이다. 부부간의 감정이 좋지 않더라도 부모로서 서로 양보하는 마음으로 자녀를 위해 차분한 대화를 이어가도록 노력해야 한다.

셋째, 자녀가 부모보다 먼저 다른 사람에게 부모의 이혼 사실을 듣지 않도록 주의해야 한다.

부부는 이혼 전에 주변의 지인이나 집안 어른들과 의논하는 시간을 갖는다. 그 과정에서 자녀가 부모 이외의 사람에게 부모의 이혼 소식을 먼저 듣는 일이 없도록 해야 한다. 자신의 부모가 이혼하는 것을 다른 사람에게 먼저 들으면 자녀는 더욱 고통스럽다. 이혼하기로 했다면 자녀에게 되도록 빨리 얘기하고 이후의 상황을 같이 대비하는 것이 좋다.

넷째, 자녀와 대화에 집중하도록 조용한 환경과 시간에 대화해야 한다.

얘기 중에 핸드폰이 울려 대화가 끊기거나 갑자기 누가 방문을 열고 들어와 방해받지 않아야 한다. 이 시간은 엄마, 아빠, 자녀 모두에게 무겁고 중요한 시간이다. 아이가 자신의 감정을 표현하고 충분히 질문할 수 있도록 편안한 분위기를 만들어줘야 한다.

가장 슬픈 소식을 나누는 가족 모두가 서로를 위로하고 다독일 수 있는 장소가 좋다. 조용하고 잔잔한 음악을 들으며 대화하는 것이 도움이 될 수 있다.

다섯째, 자녀 앞에서 부모가 감정적으로 안정된 대화를 하는 것이 필요하다.

자녀에게는 대화의 내용 못지않게 부모의 감정 상태가 매우 중요하다. 부모가 감정적으로 격앙되어 있거나 참담해하면 자녀 또한 그런 감정을 느낀다. 힘든 상황이지만 부모가 이혼 과정을 침착히 대처하고 안정되어 있으면 자녀도 안정감을 느낄 수 있다. 감정이 격해져서 자녀 앞에서 배우자를 비난하지 않도록 주의해야 한다.

이혼 직후에는 감정 상태를 담담하게 유지하기 어렵다. 간혹 부모가 자녀에게 힘든 마음을 표현하더라도 불안감을 느끼지 않도록 배려해야 한다. 부모는 자녀가 살아가는 데 평생 의지하는 삶의 모범이다. 부모가 아이 앞에서 울면 자녀는 정신적 은신처를 잃은 듯한 상실감을 느끼게 된다. 제멋대로인 사춘기 아이라도 부모를 중심에 두고 깊이 의지한다.

여섯째, 이혼 후에도 부모로서 자녀를 위해 평생 노력할 것을 알려줘야 한다.

양육에 대해 얘기할 때 자녀는 이혼 후 한쪽 부모가 집을 나간다는 사실을 알게 된다. 매일 보던 부모를 못 보게 되는 상황은 자녀에게 불안감을 갖게 한다. 부모의 이혼 사실을 들은 후 자녀는 자신의 앞날이 어찌될지 몹시 두렵다.

자녀에게는 부모 모두의 보살핌이 변함없이 유지될 것이라는 확신이 필요하다. 부부관계는 끝내지만, 부모로서의 책임은 변함없이 실천하겠다는 강한 의지를 전해주어야 한다.

일곱째, 이혼의 원인이 자녀가 아님을 반복해서 설명해주어야 한다.

아이들은 부모가 이혼한 원인이 자기에게 있다고 생각하는 경우가 많다. 부모가 이혼에 대해 자세한 설명을 해주지 않아서 오해가 생긴 것이다. 이혼 초기에 자녀의 생각을 바로잡아주지 않으면 자녀는 오랜 시간 그렇게 생각하면서 성장한다. 그런 감정은 자녀에게 큰 고통을 주고 정상적인 성장을 방해한다.

어린 자녀는 한번 말해주어도 그것을 잘 이해하기 어려울 수 있다. 자녀가 이혼의 원인이 자신이 아니라고 이해할 때까지 반복해서 설명해주어야 한다.

주변 사람들에게 이혼 사실 말하기
① 직장 상사에게는 빨리 말하는 것이 좋다.

이혼하려면 준비할 것이 많다. 법적으로 이혼이 결정되기까지 자녀가 없으면 1개월, 자녀가 있으면 3개월의 조정 기간이 필요하다. 수시로 법원에도 가야 하고, 이혼 합의를 위해 변호사를 만나 준비하는 시간도 필요하다.

재판 이혼을 하지 않더라도 양육권과 친권 및 재산분할을 위해 변호사와 몇 번의 미팅이 필요하다. 그럴 때는 어쩔 수 없이 자리를 비우게 되므로 직장 상사에게는 빨리 이혼 사실을 알리는 것이 좋다. 회사 일로 팀 전체가 바쁜데 이혼 사실을 모르면 태만하다고 오해받기 쉽다.

② 학교 선생님과 친한 친구에게도 얘기하는 것이 좋다.

부모의 이혼으로 자녀가 학교에서 따돌림을 당할까 걱정해서 이혼 사실을 숨기는 일이 많다. 이혼 신고 전에 미리 등본을 수십 장 준비해서 학기 초마다 제출하는 엄마도 있다. 이렇게 하면 자녀를 담임선생님과 같이 돌보기 어렵다.

자녀는 부모의 이혼으로 학교생활에 어려움을 느낄 수 있다. 담임선생님과의 소통 없이 자녀를 양육하는 것은 부모와 아이 모두에게 큰 부담이다. 그보다는 담임선생님을 만나 이혼 사실을 얘기하고 도움을 청하는 것이 현명하다. 선생님의 입장에서도 적절하게 아이를 배려하며 학교생활을 잘할 수 있도록 도와줄 수 있어서 좋다.

③ 꼭 필요한 경우가 아니면 굳이 이혼 사실을 얘기할 필요는 없다.

주변 사람들이 눈치 없이 배우자에 대해 묻고 그와 관련한 얘기를 늘어놓으면 난감할 수 있다. 가정생활에 대한 지나친 조언이나 간섭을 하면 "사생활 얘기는 그만하자!"라고 단호하게 말하면 된다. 주변 지인들이 이혼에 대해 질문하더라도 일일이 설명해줄 이유는 없다. "이혼 애기는 별로 하고 싶지 않아! 나중에 필요하면 하겠어!"라고 답변하면 된다.

④ 이혼 사실을 새로 만난 사람에게 말하는 시기와 방법.

호감 가는 사람이라면 세 번쯤 만나고 앞으로도 관계가 이어질 느낌이 들 때 얘기하는 것이 좋다. 어쩌면 상대방이 자신의 이혼 사실을 이미 알고 있을지 모른다. 아직 모른다면 이혼 사실을 얘기하며 자신에 대한 진지한 마음을 확인해볼 수 있다. 별 호감도 없고 이어질 만남이 아니라면 굳이 이혼 얘기는 할 필요가 없다.

자녀 문제로 이혼을 후회하는 이유와 해법

※

이혼 후 자녀가 불안정하고 적응하지 못하는 이유
① 이혼했지만 아직 부모의 갈등이 이어지기 때문이다.

이혼하는 건 결혼 생활을 청산하는 것일 뿐이다. 전 배우자에 대한 부정적인 감정이 이혼했다고 사라지는 건 아니다.

그러나 나쁜 감정이 있더라도 자녀 앞에서 다른 부모를 욕하면 안 된다. 부부로서 받은 상처가 있더라도 그건 어른들의 일일 뿐이다. 나에게는 미운 전 배우자이지만 자녀에게는 소중한 부모다. 부부관계는 끝났지만 전 배우자는 자녀의 양육을 위해 서로 도와야 할 중요한 사람이다.

상대방이 자녀의 부모라는 사실을 존중해야 한다. 아무리 큰 실수를 했더라도 이혼 후까지 나쁜 감정을 가지고 상대방을 부정하면 안된다. 그건 사랑하는 자녀에게 다시 한번 깊은 고통을 주는 행동이다. 상대방을 인정하고 자녀 앞에서 다투기를 멈추어야 한다.

② 부모의 갈등이 자녀에게 깊은 상처를 주었기 때문이다.

나이가 어린 자녀는 부모의 이혼을 이해하지 못한다. 왜 이혼을 했는지 한쪽 부모가 왜 갑자기 집을 나갔는지 납득할 수 없다. 어른들의 이혼은 아직 사고력이 부족하고 마음이 여린 아이들에게 깊은 상처를 준다. 아이들은 괴롭고 혼란스럽다. 아이들은 공부에 집중하지 못하고 친구들과 싸움을 하거나 사고를 저지르기도 한다.

부모의 이혼으로 상처 입은 자녀는 내면을 추스르기 위한 시간이 필요하다. 아이에게는 깊은 위로와 사랑이 필요하다.

③ 이혼 전과 달라진 생활에 적응하지 못하기 때문이다.

매일 보던 아빠가 집을 떠났다. 같이 사는 엄마도 직장에 나가기 시작한 후 저녁 늦게나 볼 수 있다. 부모의 손길이 갑자기 줄어들었다. 자녀는 외롭다. 상실감을 느낀다. 2주에 한 번 아빠 집을 찾아가는 것도 힘이 든다. 아빠 집에 가는 걸 엄마가 싫어하고 아빠에게 엄마 얘기를 하면 아빠도 싫어한다.

경우에 따라 이사를 가는 가정도 있다. 전학을 가면 아이가 친구들과 운동하고 놀 수 없다. 아이는 이 상황을 이해할 수 없고 화가 난다.

④ 사춘기의 성장통이 부모의 이혼으로 더 심해졌기 때문이다.

사춘기 자녀는 감정 기복이 심하다. 이 시기의 아이들은 세상에서 그런 기분을 자신만 느낀다고 생각한다. 누구나 겪는 사춘기이지만 아무도 자신의 마음을 모른다고 생각한다.

아이들은 부모가 자신의 든든한 버팀목이 되어주기를 바란다. 부모가 이혼하면 그런 버팀목이 흔들리고 사라지는 느낌을 받는다. 혼란스럽고 불안해한다. 학교생활이 어렵고 주변 친구들을 보면 특별한 일이 없어도 다툴 때가 많다.

이혼 후 자녀의 불안정을 줄이고 적응력을 높이는 방법

① 이혼 후 계속되는 전 배우자와의 갈등을 진정으로 해소해야 한다.

전 배우자에 대한 부정적인 감정을 오래 방치하면 그 감정이 결국 자녀에게 고스란히 전해진다. 자녀가 그로 인해 불안해하는 것은 당연하다.

마음속에 '당신이 나한테 어떻게 그럴 수가 있어? 절대 용서할 수 없어. 내가 당한 것을 그대로 되갚아주겠어!'와 같은 감정이 아직 남아 있는지 솔직히 자신에게 물어 보도록 하자. 그런 마음이 있다면 법률적 이혼은 겉모습일 뿐 내면에서는 아직도 전투를 이어가고 있는 것이다.

스스로에게 질문해보자!

"전 배우자에게 받은 상처를 갚아주면 마음이 편해질까?"

"자녀에게는 하나뿐인 소중한 부모인데 이렇게 계속 미워하는 게 아이에게 도움이 될까?"

오랜 시간 쌓인 분노는 사람을 지치고 우울하게 만든다. 자녀와 나 자신을 위해 용서의 시간이 필요하다.

용서는 화해가 아니다. 상처를 준 상대방에게 갑자기 좋은 감정을 가지는 것도 아니고, 피해를 입은 일들에 대한 책임을 면제시켜주거나 두둔하는 것도 아니다. 서로 아무 일도 없었다는 듯 악수하거나 반기는 것은 더욱 아니다.

용서는 상대의 잘못에 대해 내가 심판하고 응징하겠다는 마음을 접는 것이다. 나의 아픔과 고통을 삶에 대한 겸허함으로 덮어버리고 앞으로 나아가는 것이다. 그런 노력과 결심이 자녀의 불안한 마음을 안정시키고 부모의 이혼에 적응하는 데 도움이 된다.

② 아이가 마음속의 감정을 표현하도록 배려해주어야 한다.

부모의 오랜 갈등을 지켜본 자녀의 마음은 우울하고 슬프다. 어느 날 부모가 내린 이혼 결정은 자녀에게 슬픔보다 진한 상처와 충격을 준다. 어린 자녀들은 무척 고통스럽지만, 자신의 감정을 표현하기 어려워한다.

여기서 부모의 역할이 중요하다. 감정을 표현하기 어려워하는 자녀에게 부모는 얼마나 힘들었는지 물어보아야 한다. 더불어 잘 돌봐주지 못해서 미안하다고 말하고 위로해주어야 한다. 어려운 가운데서도 잘 커줘서 고맙다고 얘기하고 아이를 다독이고 꼭 안아주자. 그렇게 해서 자녀가 마음을 열기 시작하면 비록 사소한 한마디라도 잘 받아주고 감싸주어야 한다. 부모의 그런 노력은 자녀에게 큰 위로가 된다. 시간이 해결해주겠지 하고 방치하면 절대로 안 된다.

자녀가 감정 표현이 어색해서 말을 아끼더라도 초조해하지 말자. 아이가 자기표현을 할 때까지 차분히 기다리자. "부모가 이혼했더라도 너는 씩씩하게 모든 걸 잘해야 해!" 이런 표현보다는 "엄마도 아빠도 이혼할 때 너무 힘들어서 너를 잘 돌봐주지 못했는데 잘해줘서 고마워." "마음이 힘들면 언제든 얘기해 난 언제까지나 네 부모고 너를 후원하고 지켜줄 거야!"와 같이 자녀의 감정 표현이 미숙하더라도 부모가 그 뜻을 이해하고 존중해주는 이야기를 하면 아이는 새 힘을 얻을 수 있다.

③ 가능한 한 이혼 전의 환경과 규칙을 유지하는 것이 좋다.

또래 집단과의 놀이는 자녀의 성장을 위해 필요하다. 친구와의 시간은 장차 사회생활을 위한 준비 기간이고 자존감을 높이는 기회이기도 하다. 아이가 운동을 잘하거나 악기를 잘 다뤄서 친구들의 칭찬을 받으면 그 사실을 오래 기억한다. 또래 집단의 인정과 칭찬은 자녀가 자존감을 높이는 데 큰 도움이 된다.

이혼 후 전학을 간 아이가 있었다. 엄마는 한 달에 두 번 예전 동네에 가서 자녀가 친구들과 운동하며 만남을 이어가도록 했다. 새로 이사한 동네의 친구들과 친해지기 전 6개월 동안 예전 동네를 왕래하며 아이의 적응을 도왔다. 아이는 이사와 전학으로 인한 공백기를 극복하고 잘 적응할 수 있었다.

④ 일주일에 한 번은 자녀와 대화하는 시간을 가져야 한다.

급격한 신체발달과 감정 기복으로 혼란스러운 사춘기 자녀들은 부모의 이혼이 더 아프고 괴롭다. 부모는 이혼에 대한 자녀의 분노와 격정, 성장 환경에 대한 대화를 폭넓게 나누어야 한다.

아이들은 자신의 안전을 걱정하고 부모에게 재결합을 강요하기도 한다. 자신에게 어찌 그럴 수 있냐며 소리 지르고 분노하기도 한다. 상처받고 침묵하는 것보다 화내고 표현히는 편이 낫다. 솔직하고 진지한 대화는 이혼 후 자녀의 적응에 큰 도움이 된다.

II

이혼 후의 변화들

관계, 감정, 역할의 변화와 현실

이혼 후의 삶이 성공하기 위한 조건

경제생활의 안정

이혼은 현실이다. 경제문제는 이혼 후 해결해야 할 가장 중요한 문제다. 자녀의 양육, 주변 사람들과의 관계 등 이혼 후 모든 생활 변화의 밑바탕에 경제적 안정이라는 키워드가 있다. 경제적으로 불안정하면 자녀의 양육도 불안해진다. 이혼 후 자신을 걱정하는 주변 지인들에게 잘 사는 모습을 보여주려면 일단 경제적으로 안정을 찾아야 한다.

"그럼 돈이 없으면 이혼 후 행복해질 수 없다는 말인가요?"

이런 질문이 나올 수도 있다. 물론 돈이 없다고 불행한 건 아니다. 또 풍족하다 해서 반드시 행복한 것도 아니다. 다만 경제적 안정은 삶의 중요한 걱정을 덜어주고 힘이 되어준다는 점이다.

나라에 경제 위기가 닥치면 그 이듬해 이혼자의 숫자가 급증한다. 경제적 풍요가 반드시 행복을 가져다주는 건 아니지만 경제적 빈곤이 가정에 위협이 되는 건 사실이다. 풍요로우면 좋겠지만 생활을 영위하는 데 기본적인 경제적 안정만 확보해도 이혼 후 삶을 안정적으로 이끄는 데 큰 힘이 된다.

코로나로 전 세계가 심각한 불황을 겪고 있다. 요즘처럼 경제적 불안이 커지면 가정 살림에도 부담이 커진다. 살림이 불안정해지면 이혼하는 가정이 많아지고, 이혼을 망설이는 경우도 늘어난다. 이혼하든 안 하든 경제적 안정은 생존을 위한 중요한 조건임이 분명하다.

특히 이혼 후 경제적으로 안정되기 위해서는 이혼 전부터 어떤 일을 할지 알아보고 준비해야 한다. 이혼 전에 약속했던 양육비 지급이 자녀의 성년 시기까지 이어질 것이라 보장할 수 있을까? 양육비를 지급하기로 한 쪽에서 실직과 같은 경제적인 이유로 일정 기간 양육비를 지급하지 못할 수도 있다.

이혼 후 좀 더 안정적인 경제적 여건을 만들려면 현재 자신의 상황을 여러모로 개선하려고 노력해야 한다. 직장을 다니고 있다면 능력을 인정받아 더 높은 위치에서 더 많은 급여를 받으려는 계획을 세워야 한다. 전업주부였다면 자신의 적성과 시대적 흐름을 고려해서 성공 확률이 높은 직업에 도전해야 한다.

경제적 안정은 이혼 이후의 삶만을 위한 목표는 아니다. 요즘은 오랜 결혼 생활 후 중년의 나이에 새로운 것을 배워 다시 일을 시작하는 사람들이 많다. 자기 계발과 경제생활의 안정은 삶의 행복을 위해 기본적으로 필요하다. 단순히 이혼했으니 먹고살기 위해 돈을 벌어야 한다는 관점보다는 자신을 위해 진지하게 노력할 기회가 생겼다고 좋은 쪽으로 생각하자. 경제적 안정은 이혼 후 성취해야 할 매우 중요한 목표다.

양육 환경의 안정

이혼은 행복한 삶을 찾기 위한 선택이다. 부모가 자존감을 높이고 행복해지려면 자녀가 건강하게 잘 성장해야 한다. 이혼 후 자녀가 적응하지 못해 힘들어하면 부모의 마음이 결코 편할 수 없다.

아이와 같이 살건 따로 살건 이혼한 부모에게 자녀의 적응과 안정은 가장 중요한 관심사다. 모든 부모는 사랑하는 자녀가 마음 편히 잘 지내기를 바란다. 부모는 그것을 위해 자녀의 감정과 적응 상태를 점검하고 적절한 양육 계획을 준비해야 한다.

자녀의 마음과 적응 상태를 점검하기 위한 질문을 예로 들면 아래와 같다.

"자녀가 일상생활에 잘 적응하고 있는가?"

"자녀의 심리 상태가 안정적인가?"

"자녀가 부모의 이혼을 어떻게 받아들이고 있는가?"

"자녀에게 부모에게 말하기 힘든 고민이나 요청 사항이 있는가?"

"자녀가 다른 쪽 부모와 정기적인 만남을 잘 유지하고 있는가?"

"자녀와 부모가 대화를 자주, 편하게 하고 있는가?"

이혼 후 한부모 가정에 속한 자녀는 엄마와 아빠의 집을 왕래하며 생활한다.

사실, 이 변화는 자녀에게 있어서 삶 자체가 바뀌는 엄청난 일이다. 자녀는 이 상황에 적응하느라 육체적으로나 정서적으로 힘이 든다. 부모는 자녀가 학교생활을 하며 집중력이 떨어지지 않도록 배려해주어야 한다. 아이에게는 학교생활과 학원, 또래 친구들과 편히 만날 수 있는 시간과 동선이 필요하다. 가능한 한 이혼 전과 같은 환경을 유지하는 것이 아이에게 좋다.

더욱 중요한 부분은 집을 나간 부모와의 만남을 안정적으로 잇는 일이다. 양육 환경은 단지 잘 갖추어진 물리적 공간만을 의미하지 않는다. 부모 사이에 감정이 안 좋으면 자녀가 부모를 만나러 갈 때 정신적·육체적 에너지 소모가 많다. 아이가 지치는 일이 없도록 부모들이 서로 존중하며 잘 인도해주어야 한다.

자녀는 열이면 열 부모의 이혼을 쉽게 받아들이지 못한다. 부모가 이제는 남남이 되었다는 사실을 감정적으로 받아들이기까지 많은 시간이 필요하다. 그러므로 부모에게 새로운 연인이 생기거나 재혼하는 상황이 될 경우, 특히 아이의 마음을 세심하게 헤아리며 양육 환경을 준비해야 한다.

우선, 아이의 나이와 지적 수준을 고려해서 상황을 설명해주고 아이가 적응할 수 있도록 도와주어야 한다. 또 부모는 물리적 환경과 심리적 환경 두 가지를 모두 생각해야 한다. 넓은 방에 좋은 침대가 있고 비싼 장난감이 있어도 아이가 부모의 눈치를 보느라 힘들어하면 소용없다.

아이의 마음을 살피며 적절한 양육 환경을 준비하는 것은 부모의 이혼 후 아이가 안정을 찾는 데 매우 중요하다.

주변 지인과의 협조 관계 수립

사람은 주변 사람과 도움을 주고받으며 산다. 당연한 일이지만 간혹 '나는 그렇게 살고 싶지 않다!'고 생각하는 사람도 있다. 남에게 나의 부족한 모습을 보이고 싶지 않다는 생각이다.

누군가에게 도움을 청하는 것은 내가 꼭 뭐가 부족해서가 아니다. 나에게 도움을 청하는 사람도 같다. 나보다 부족한 사람이라서 도움을 청하는 게 아니다. 살다 보면 누구나 그런 상황에 놓일 때가 있다. 그러니 주변 사람에게 도움을 청하는 것을 너무 자존심 상하는 일이라 생각하지 말자.

이혼 후에는 챙길 것이 많다. 전업주부는 새로 경제활동을 시작해야 하고 집안일도 혼자 감당해야 한다. 자녀에게는 더 많은 신경을 써야 한다. 이혼 후에는 모든 일을 혼자 하느라 부담스러울 때가 많다. 이럴 때 누군가 도와주면 큰 힘이 된다. 자신에게 도움을 줄 수 있는 호의적인 지인을 찾아보자. 물론 그들도 각자 할 일이 있고 바쁘다. 하지만 가까운 지인들에게 이혼 후 간혹 도움을 구하는 것은 흠이 아니다. 힘든데도 깍쟁이처럼 전혀 내색하지 않으면 오히려 주변 지인들이 섭섭해할 수 있다.

좀 더 열린 마음으로 내 삶의 지원군을 만들어보자. 단 한 사람이어도 좋다. 시간이 지나면 나 또한 그들을 도울 수 있는 날이 분명히 올 것이다.

나를 후원하고 도와줄 예상 지원군은 어떤 사람들일까? 나를 아끼는 지인들은 모두 내 예상 지원군이다. 그들은 내 얘기를 진지하게 듣고 비밀을 지켜줄 사람들이다. 단 가까운 지인이어도 남의 말을 쉽게 옮기는 수다쟁이는 피해야 한다. 자기 자랑하기 바쁜 사람, 은근히 상처 되는 말을 건네는 사람도 적당치 않다. 어렵게 속마음을 털어놓은 사람에게 고마움을 표현할 줄 아는 멋진 인격을 갖춘 사람은 훌륭한 지원군이 될 확률이 높다. 이혼 경험이 있는 사람이라면 자신의 입장을 좀 더 현실적으로 이해할 수 있어서 좋다.

한편, 내 애기를 들어주는 사람만큼 나에게 자극이 되는 사람도 유익하다. 이혼 후의 삶을 성공적으로 살아가는 사람과의 만남은 내가 중심을 잡는 데 도움이 된다. 그런 사람에게는 열정과 삶의 노하우를 배울 수 있기 때문이다.

아이들에게도 지원군은 필요하다. 이혼 가정의 아이들은 주변 사람들의 격려와 후원이 더욱 필요하다. 성실히 삶을 잘 살아온 어른들의 권위 있는 조언과 격려는 아이들에게 용기를 준다. 그런 역할을 하는 어른은 집안 분이어도 좋고 믿음직한 지인이어도 좋다.

※　※　※　※

이혼 후의 삶이 성공하기 위한 세 가지 목표를 한마디로 말하면 생활의 견고한 틀을 만드는 것이다. 경제적 안정과 좋은 양육 환경을 확보한 후 든든한 지원 그룹까지 자신을 후원한다면 삶은 더욱더 단단해진다.

이혼하면 부부는 없다, 부모만 남는다

전 배우자를 아이의 부모로 존중하고 예의를 지킨다

갈등이 심하던 부부가 이혼으로 마음까지 정리할 수 있는 건 아니다. 전 배우자에 대한 나쁜 감정은 이혼 후까지 이어질 수 있다. 이혼했지만 마음의 상처가 남아 상대에 대한 분노를 느낄 수 있다. 이해 못할 일이 아니다.

하지만 계속 그런 감정으로 살아갈 수는 없다. 어차피 부부의 갈등이 심해서 그 갈등을 멈추려고 이혼한 것이 아니었던가? 서로 다투는 것이 지겹고 싫어서 자유로워지기 위해 탈출한 것이 아니었던가? 이혼하며 부부의 관계는 끝났다. 이제는 부부가 아니다. 아직도 뭔가를 사과받고 응징하고 싶어도 그런 마음을 멈춰야 한다.

이혼 후 전 배우자와 소통할 일은 자녀의 양육 문제밖에 없다. 전 배우자는 이제 내 자녀의 부모일 뿐이다. 당연히 담담하게 부모의 마음으로 대화해야 한다. 하지만 지나간 기억 때문에 상대방을 생각하면 화가 치밀지도 모른다. 그런 감정이 느껴지면 마음을 가다듬고 자녀를 생각해야 한다.

겉으로 표현은 안 하지만 부모의 이혼을 겪은 아이들은 많이 우울하고 슬프다. 부모가 이혼 후까지 서로를 미워하면 그 상황을 어떻게든 이겨내려고 애쓰는 아이는 한 번 더 좌절감을 느낀다.

이제 과거의 부부는 없다. 부모로서만 서로를 생각하고 진심으로 존중하는 마음을 가져야 한다. 새로운 환경에 적응하려고 애쓰는 자녀를 돕고 자신의 행복을 찾으려면 과거로부터 자유로워져야 한다.

아이 앞에서 부모의 싸움은 금물

부모가 자녀 앞에서 싸우면 아이가 일상생활에 적응하기 어렵다. 마음이 불안해서 안정감이 떨어지고 수업에 집중할 수가 없다. 불안감이 심할 경우 친구들과 싸우는 공격성을 보이기도 한다.

이혼 후 부모가 다투는 것은 자녀와 관련한 문제가 많다. 양육비 문제, 자녀의 학교생활을 공유받지 못한 불만, 거처를 옮긴 부모가 아이를 만날 때 상대방의 협조를 주장하다 다투기도 한다.

아이가 들으면 자신 때문에 부모가 싸운다는 죄책감을 느낀다. 오해라고 설명해도 소용없다. 아이의 마음은 여전히 슬프고 괴롭다. 이혼 후 부모가 잘 협조하며 자녀를 돌보면 자녀는 큰 위로와 힘을 얻는다.

이혼 후에도 자녀가 안정된 생활을 하기 원한다면 부모는 자녀에게 서로 존중하는 모습을 보여주어야 한다.

소통은 부모 사이에서만

이혼 후 자녀는 두 집을 왕래하게 된다. 부모는 자녀에게 다른 부모의 사생활을 물을 때가 있다. 새로운 사람을 만나는지, 또 만나고 있다면 그가 어떤 사람인지 질문한다. 어떤 부모는 모자란 양육비에 대한 불만을 자녀에게 전달하라고 시키기도 한다.

"엄마가 돈이 없어서 요즘 많이 힘들어한다고 전해."

"그 말은 누가 시켜서 하는 게 아니고 내가 보니 엄마의 형편이 어려운 것 같다고 말해."

부모로부터 그런 지시를 받을 때 아이의 심정이 어떨까? 아이들은 정말 그런 말이 듣기 싫다. 아이에게 상대방의 사생활을 염탐시키는 일, 양육비 문제를 말하게 하는 것은 이혼 가정의 부모가 절대 하면 안 되는 일이다.

양육 환경이 달라지거나 물가가 올라 양육비가 더 필요하다면 부모끼리 직접 대화해야 한다. 이미 이혼한 사람이 누구를 만나건 이제는 상관없는 일이다. 오히려 좋은 사람을 만나 혼자 살던 부모가 안정을 찾아야 자녀에게도 좋다.

다만 아이가 어리면 전 배우자의 새 애인이 민감한 성장기 자녀에게 상실감을 줄 수도 있다. 그런 걱정 때문에 고민이 되면 어른들이 직접 얘기하면 된다. 아이가 예민한 시기이니 새로운 관계를 조심스럽게 오픈해주기를 정중히 부탁하면 된다. 예의를 지켜 소통하면 듣는 사람도 그걸 간섭이라고 생각하지 않을 수 있다.

이혼 후 아이는 부모 사이에서 자신이 스파이 짓을 하는 듯한 죄책감을 느낄 때가 많다. 그때마다 자녀는 고통스럽고 자존감이 낮아진다.

아이 앞에서 전 배우자의 공격 및 비난 금지

이혼 후 부모가 자녀 앞에서 전 배우자를 비난할 때가 있다. 이때 자녀는 자기 입장을 어떻게 정해야 할지 무척 난감하다. 상대를 비난하는 건 아이에게 자기편을 들라고 압박하는 것과 같기 때문이다.

자녀는 비난받는 부모를 감싸며 비난한 부모의 행동을 비판할 수 있다. 아니면 부모의 뜻을 받아들이고 그 비난에 동참할 수도 있다. 아이는 어른들의 주장이 옳은지 그른지 관심이 없다. 판단하기도 힘들다. 단지 그 상황에 자신이 어떻게 해야 하는지가 고민되고 괴로울 뿐이다.

왜 어른들의 갈등에 아이를 끼워 넣으려 하는가? 아이는 누구의 편도 아니다. 또 아이는 두 부모 모두의 편이다. 이런 일이 반복되면 자녀는 양쪽 부모 모두와 관계가 나빠진다. 아이는 점점 양쪽 부모 모두를 피하게 된다.

전 배우자에게 숨겨야 할 이야기는 자녀도 모르게

자녀에게 무언가 은밀한 얘기를 해주고 다른 부모에게 비밀을 지키라고 하면 안 된다. 아이가 비밀을 지키려면 그 부모를 경계해야 한다.

사랑하는 부모를 이유 없이 경계해야 하는 자녀의 마음이 편할 수 있을까? 당연히 괴롭고 양심의 가책을 느낄 수밖에 없다. 그건 다른 쪽 부모를 따돌리는 일이기 때문이다.

전 배우자에게 알리지 말아야 할 내용이라면 어른이 미리 조심하는 것이 맞다. 부정적이고 해가 될 얘기라면 자녀에게 하지 말아야 한다. 부모를 의지해야 할 아이들이 부모를 경계하고 눈치 보게 하면 안 된다. 부모의 이혼 후 새로운 환경에 적응하려고 애쓰는 자녀는 무슨 얘기건 부모와 편히 할 수 있어야 한다.

자녀에게 부모를 선택하라고 강요해서는 안 된다

"너는 엄마, 아빠 중에 누구를 더 사랑하니?"

"너는 아빠, 엄마 중에 누가 잘못했다고 생각하니?"

"이혼 후 아빠, 엄마 중에 누구와 살고 싶니?"

"너는 엄마, 아빠 중에 누가 너를 더 잘 키워줄 거라 생각하니? 너한테 도움이 되는 쪽을 선택해야 돼!"

이혼 후 한쪽 부모가 집을 나가면 자녀들은 다른 쪽 부모도 잃지 않을까 봐 두려워한다. 그런 아이에게 한쪽 부모를 선택하라고 강요하면 아이의 심정이 어떨까? 말할 필요도 없이 고통스럽고 참담하다.

부모가 그런 요구를 하더라도 아이는 한쪽 부모만 선택할 수 없다. 아이에게는 부모가 모두 소중하다. 만약 자녀가 한쪽 부모의 편을 든다면 그건 자신의 이익을 위해서가 아니라 전적으로 편들기를 강요한 부모를 걱정해서다. 그 부모를 돕고 싶기 때문이다.

자녀는 상대적으로 더 힘들어 보이는 부모를 위로하고 도움이 되고 싶어 한다. 그런 자녀를 자기편을 들지 않는다는 이유로 나무라서는 안 된다.

아이들을 선택의 입장에 서게 한 것은 어른들이다. 무슨 이유로 아이가 부모 중 한 사람을 선택하겠는가? 아이 스스로는 그럴 이유가 없다. 어른들은 아이의 마음을 이해하고 다독여주어야 한다.

아이의 학교생활이나 양육 상황의 공유

이혼 후 자녀는 한쪽 부모와 생활하게 된다. 다른 부모와는 2주에 한 번 정도 만난다. 이혼 전에는 부모가 쉽게 아이의 학교생활에 대한 이야기를 들을 수 있었다. 당연히 부모가 같이 조언하고 아이를 칭찬할 수 있었다.

그러나 이혼 후에 자녀와 따로 사는 부모는 자녀의 학교생활에 대한 소식을 접하기 어렵다. 아이가 어떤 방과 후 수업을 듣는지, 친한 친구가 누구이고 담임 선생님이 어떤 사람인지 세세한 내용을 알기 어렵다.

아이의 일상생활을 모르는 부모는 구체적인 조언과 공감 가는 대화를 하기 어렵다. 칭찬해주려고 해도 아이가 잘한 일을 모르기 때문에 칭찬할 수 없다. 부모라면 자녀가 글짓기 대회에서 상을 받았고 봉사

활동을 열심히 한 사실을 알고 있어야 한다. 그것을 자랑스러워하고 칭찬해줘야 한다.

따로 사는 부모는 보통 2주에 한 번 자녀와 시간을 가진다. 그렇게 만난 부모는 자녀를 위해 놀이공원을 예약하고 좋은 음식점을 찾는다. 그런 노력은 아이에게 기쁨과 안정감을 줄 수 있다. 하지만 그런 특별 이벤트만으로는 부족하다. 부모와 자녀는 학교생활과 일상의 마음들을 나누는 대화의 시간이 필요하다.

아이와 같이 사는 부모는 다른 쪽 부모가 그 역할을 잘할 수 있도록 도와야 한다. 부모와 아이가 공감할 수 있는 대화를 위해 아이의 학교생활에 대해 성실히 전해주어야 한다. 부모의 구체적인 관심은 아이가 달라진 환경에 잘 적응하고 성장하는 데 큰 힘이 된다.

양육 문제로 만날 때는 공공장소에서

자녀가 성장하면 양육 환경이 달라진다. 학년이 높아지며 진로에 대한 고민이 생기거나 교육을 위해 양육비가 더 필요할 수 있다. 양육은 부모 공동의 책임이므로 부모는 자녀의 양육 문제에 대해 간혹 대화의 시간을 가질 수 있다.

대화 중에는 예전의 언어 습관을 삼가고 과거사를 언급하는 일이 없도록 주의해야 한다. 장소는 집을 피하고 카페나 공공장소를 선택하는 것이 좋다. 양육 문제를 의논하는 데 옛 기억이 되살아나는 장소는 도

움이 되지 않는다. 부모끼리 직접 대화하기가 어려우면 법원을 통해 양
육에 대한 사안을 조율할 수 있다.

가벼운 안부 외에 사생활에 관한 질문은 삼간다

이혼한 부부가 서로의 사생활에 대해 궁금해할 이유가 있을까? 있
다면 그 이유는 첫째, 그 집을 왕래하는 자녀에게 전 배우자의 사생활
이 나쁜 영향을 줄까 걱정되기 때문이다. 둘째, 아직 전 배우자에 대한
미련이 있기 때문이다. 셋째, 오랜 시간 부부 사이였으므로 습관적으
로 사생활에 대해 질문할 수도 있다.

그러나 어떤 이유에서건 사생활에 관한 질문은 삼가야 한다. 지금
자신의 삶에 아무 필요가 없고 상대방에게 불쾌감만 줄 뿐이기 때문
이다. 자녀의 부모를 존중하는 것은 대화의 내용을 조절하는 것부터
시작해야 한다. 부모로서의 삶에 충실하려면 대화의 습관이 달라져야
한다.

미련은 짧게 정리

분명 싸우는 것이 지겹고 싫어서 이혼한 것이다. 괴로운 결혼 생활에
서 자신의 삶을 찾고자 한 선택이었다. 하지만 이혼 후 2~3년간은 간
혹 재결합을 생각할 때가 있다. 오랜 시간 같이 산 기억과 감정이 생각

나기 때문이다. 이때 주의해야 할 것이 있다. 전 배우자와 애매한 분위기를 만들면 안 된다. 갑자기 친근한 표현을 하거나 정도를 넘어선 안부를 물어 부담을 주면 안 된다.

진짜 재결합을 진지하게 생각하더라도 이혼한 상황임을 생각하고 행동해야 한다. 지금은 상대방을 아이의 부모로서 존중하고 언행에 조심해야 한다. 특히 자녀 앞에서는 말과 행동을 조심해야 한다.

이혼 후 자녀들은 부모가 재결합하기를 원한다. 자녀의 입장에서는 당연한 일이다. 그래서 더욱 기대하게 하면 안 된다. 어른은 그러다 말면 그뿐이지만 아이는 속으로 깊은 실망감을 가질 수 있기 때문이다. 재결합 후 이혼하는 비율은 초혼의 이혼율보다 훨씬 높다.

지나간 사람에 대한 미련은 확실히 버리자. 이혼 후의 상황에 적응하기 전에는 가족을 잃은 상실감이 종종 감정적인 혼란을 주기도 한다. 이혼으로 결혼은 끝났다. 마음을 추스르고 새로운 인생을 준비해야 한다.

우리는 주변에서 이혼 후 놀랍게 변신하고 성공한 사람들을 볼 수 있다. 그들은 한때 이혼의 아픔을 겪었지만, 그 아픔을 뒤로하고 긍정의 마음으로 앞으로 나아간 사람들이다. 성공한 사람들은 과거에 얽매이지 않고 미래를 향해 나아간다. 과거의 감정에 머물지 않는다.

마음속에 아직 과거에 대한 부정적인 감정과 미련이 남아 있는가? 이제 나 자신과 자녀를 위해 내려놓아야 한다.

이혼 후 짙어지는 감정들

꧁

슬픔과 분노

① 슬픔과 분노의 감정이 왜 생길까?

첫째, 이혼 후의 슬픈 감정은 상실감의 표현이다.

이혼은 내 곁에 머문 사람을 떠나보내는 것이다. 오랜 시간 심한 갈등으로 괴로웠지만 갈라선 그 사람은 내 남편이고 아내였다. 이혼은 분명 내 삶의 일부분을 상실하는 경험을 하는 것이다. 이혼 후 몰려드는 상실감은 슬프고 우울한 감정으로 나타난다.

둘째, 분노의 감정은 본인이 거부당했거나 피해를 보았다는 생각이 들 때 강해진다.

이혼 후 삶이란 짐이 무겁게 느껴지기 시작했다. 다시 직장에 다니기 시작했다. 바빠서 집안일을 못 할 때 대신해줄 사람이 없다. 몸도 마음도 힘들다. 간혹 왜 이혼을 했는지 이 상황이 원망스럽다. 내가 먼저 이혼을 원한 것도 아니었는데. 이혼의 원인이 상대방 때문이란 생각이 들 때 분노가 생긴다.

② 슬픔과 분노가 느껴질 때 어떻게 해야 할까?

첫째, 이혼을 전체적인 관계의 실패로 이해하자!

슬픈 감정이 깊어지면 매사에 의욕이 없어진다. 사람을 만나기도 꺼려지고 모임에 나가는 횟수도 준다. 꼭 필요한 사람만 만나고 되도록 사람을 피하게 된다. 분노는 내 고통의 원인을 상대에게서 찾을 때 짙어지는 감정이다. 상대를 원망해보았자 달라지는 건 없다. 현실은 그대로고 마음만 무거워진다.

부부 한쪽이 뼈아픈 실수를 했더라도 결혼에 실패한 것이 그 사람만의 책임이라 할 수 있을까? 상대방의 실수로 상처를 받았더라도 일부의 원인은 나에게 있다.

결혼이 깨진 것은 오랜 시간 부부가 소통한 결과다. "나는 언제나 상대를 배려하며 소통했고 솔직했다. 우리 부부가 소통에 실패한 것은 전적으로 상대의 오만함과 대화 능력 미숙에 있다." 그렇게 말할 수 있을까? 정말 그렇게 생각한다면 그 생각이 소통의 단절을 가져온 것이다. 그가 마음의 문을 닫았다면 그 원인이 나에게도 있다. 관계의 단절, 소통의 실패는 부부 모두의 책임이다.

둘째, 현실에 집중하고 더 바쁘게 살자.

이혼 직후는 오랜 결혼 생활을 정리하고 생각이 많은 시기이다. 시간 여유가 많으면 생각이 복잡해진다. 과거의 상처와 부정적인 감정이 현실에 무슨 도움이 되겠는가? 이순신 장군이 부서진 판옥선을 보며 슬퍼하기만 했다면 다음 전투의 승리는 없었을 것이다. 과감하게 지나온 시간을 등지고 앞으로 나아가야 한다.

이혼 후에는 바쁜 게 좋다. 일상이 바빠지면 부정적인 감정에 사로잡혀 있을 시간이 없다. 챙기는 일이 많아 힘들지만, 몸도 마음도 건강해진다. 사람은 현실에 집중할 때 미래를 준비하고 과거를 정리할 수 있다. 현재의 삶에 충실한 사람은 아픈 감정에 오래 머물지 않는다. 열심히 사는 사람은 부정적인 감정을 소진하고 밝은 마음을 되찾을 수 있다.

셋째, 내 판단을 믿고 시선을 과거에서 미래로 돌리자.

이혼은 내 삶을 찾기 위한 결정이었다. 나는 내 결정과 판단을 믿는다. 이혼을 겪으며 충분히 고민했고 아팠다. 더는 과거에 연연하지 않는다. 이제는 현실과 미래만 생각하고 충실할 것이다. 이런 결심만으로도 부정적인 감정이 약해진다.

자존감 저하, 고독감, 우울, 죄책감

① 자존감 저하.

이혼하면 자존감이 약해진다. 자존감이 약해지면 적극적이었던 사람도 다소 소극적으로 변한다. 새로운 사람과 만남을 시작하는 것이 꺼려진다. 노력했던 관계에 실패했으므로 새로운 관계에 자신이 없어진다. 다시 실패하면 어쩌나 하는 걱정이 앞선다. '지나친 걱정은 하지 말자.'고 다짐해보지만, 여전히 걱정은 사라지지 않는다.

이혼 직후 다시는 결혼하지 않겠다고 결심하는 사람도 있다. 주변에서 새로운 사람에 대해 마음을 닫지 말라고 설득해도 쉽게 마음을 열지 못한다. 자존감 저하는 이혼 직후 찾아오는 일시적인 현상이다.

② 고독감.

이혼 직후에는 고독감이 찾아온다. 그렇게 싫던 전 배우자의 빈자리가 왠지 허전하다. 싸울 일이 없어서 평화롭고 좋을 줄 알았는데 조용한 일상이 어색하다. 이혼 전에는 일요일 오후에 혼자 있는 시간이 드물었다. 집에 남편이 있었다. 대화가 안 통해서 답답했고 집에만 있는 모습이 보기 싫었다. 그렇게 싫어하면서도 그를 의지했던 걸까? 둘이 사는 것에 익숙해진 걸까?

고독감은 이혼 후 생활 변화로 인해 찾아오는 가장 일반적인 감정이다. 이혼 후의 고독감은 극복해야 할 부정적인 감정이 아니다. 적절한 고독감은 생각을 정리하고 감정을 회복하는 데 필요한 여백일 수 있다.

이혼 후 고독감을 달래기 위해 지인과 술을 마시기도 한다. 간혹 광란의 밤을 보내보지만 고독감은 여전하다. 이혼 후에는 차분히 지나간 삶을 돌아보는 시간이 필요하다.

박노해는 그의 시 〈사람은 무엇으로 크는가〉에서 이렇게 말했다.

"사람도 바쁜 마음을 멈추고 읽고 꿈꾸고 생각하고 돌아볼 때만 그 사람이 자란다. 그대여, 이유 없는 이유처럼 뼈아프고 슬프고 고독할 때 감사하라. 내 사람이 크는 것이니……"

자신의 삶을 담담히 바라보는 시간은 나를 추스르고 새로운 시절을 찾아가는 과정이다. 이혼 후 고독한 시간은 그리 길지 않다.

③ 우울.

슬프고 화가 나면 울고 소리를 지르는 게 정상이다. 사람은 그렇게 생겼다. 그래야 감정이 숨을 쉰다. 이혼 전후 오랜 시간 마음이 힘들면 논에 고인 물이 말라가듯 감정 표현이 없어진다. 슬프고 화가 나는데 그냥 속으로 삼키기를 반복했기 때문이다.

"예전에는 시끄러운 호프집에서 수다를 떨면 화가 나도 시원해지고 버틸 만했다. 혼자 실컷 울면 다음 날 마음 편히 일할 수 있었다. 요즘은 눈물이 안 난다!"

우울은 감정에 무감각해지는 것이다. 힘든 감정을 억누르다 보면 자신의 진짜 감정이 무엇인지 모른다. 누가 "요즘 기분이 어때?"라고 물으면 "기분? 그런 거 없어. 그냥 사는 거지, 뭐."라고 대답한다.

사람은 감정을 표현해야 한다. 슬플 때는 애도하고 화날 때는 속으로 욕이라도 해야 한다. 즐거우면 웃어야 한다. 자기감정을 솔직히 표현하는 사람이 건강한 사람이다. 사람의 마음은 그렇게 숨 쉴 때 새 힘을 얻는다.

이혼 후에는 혼자 자녀를 돌보고 돈 버느라 바쁘다. 삶의 긴장감이 높아진다. 여러 역할을 소화하려면 자신에게 엄격해지고 감정을 자제해야 할 때가 많다. 일시적인 우울은 잠시 왔다 사라진다. 우울한 감정이 깊고 오래가면 전문가에게 심리상담을 받는 것이 좋다.

④ 죄책감.

이혼 직후에는 이혼 사유를 상대에게서 찾는 일이 많다. 전 배우자가 명백한 실수를 하지 않았더라도 그 원인을 상대 탓으로 돌리는 일이 많다. 나는 피해를 본 사람, 전 배우자는 나에게 피해를 준 사람으로 생각한다. 시간이 지나며 이런 마음은 조금씩 달라진다. '내가 조금만 이해해줬더라면 그 사람도 그러지 않았을 텐데.' '그래 나에게도 책임이 있어.' 그렇게 느끼며 이혼에 대한 일부분의 죄책감이 생긴다. 이혼 후 느끼는 적절한 죄책감은 양심의 소리일 수 있다.

이혼은 부부간의 소통과 관계의 실패를 의미하므로 그 책임이 부부 모두에게 있다. 생각이 거기에 미치면 상대에 대한 책임 추궁을 그만두고 자신의 잘못을 생각하기 시작한다. 시선을 나에게 돌려 자신의 부족함을 인정하는 것은 상처를 적극적으로 극복하는 모습이다. 적절한 죄책감은 감정을 안정시키고 미래를 현명하게 준비하는 데 도움이 된다.

자녀에게 이혼 사실을 전달하는 방법

﷽

이혼 전 자녀에게 이혼에 관해 설명해야 하는 세 가지 이유
① 자녀도 마음의 준비를 해야 하기 때문이다.

부모가 이혼하면 한쪽 부모가 집을 나간다. 자녀가 부모의 이혼에 대해 아무것도 모르면 그런 상황을 접했을 때 더 큰 충격을 받는다.

자녀는 자신을 키우며 같이 사는 부모도 다른 부모처럼 언제 떠날지 모른다는 두려움을 느낀다. 어른들은 오래전부터 부부 문제와 이혼을 고민했지만, 아이는 전혀 마음의 준비를 할 수 없었기 때문이다.

자녀에게 부모의 이혼은 도무지 소화하기 어려운 상황이다. 그래서 자녀는 부모의 이혼 결정을 더욱 미리 알아야 한다. 자신의 삶을 바꾸어놓을 엄청난 변화를 미리 생각할 시간이 필요하다.

"왜 아이에게 그런 스트레스를 미리 줘야 합니까?"

"아이가 부모의 이혼 소식을 접하고 무엇을 할 수 있겠습니까? 고통스러운 시간만 길어질 뿐입니다."

어른들은 보통 이렇게 말한다. 그 마음을 이해한다. 부모는 아이를 걱정하고 보호하고 싶은 것이다. 하지만 그건 현명한 생각이 아니다. 부

모의 이혼은 아이의 인생에 너무나 크고 중요한 일이다. 그래서 미리 알아야 한다. 숨겼다가 나중에 통보하면 충격과 더불어 그걸 숨긴 부모에 대한 신뢰까지 손상을 입는다.

이혼을 고민하는 부모는 보통 그렇게까지 생각하지 않는다. 그래서 되도록 아이 모르게 이혼하는 방법을 찾고 실제로 이혼 사실을 숨겼다가 나중에 얘기해주는 경우도 많다. 나중에 소식을 들은 자녀는 큰 충격을 받고 부모에 대한 믿음이 흔들리는 고통을 겪는다.

자녀들의 삶은 부모의 결혼 생활을 기초로 유지된다. 결혼이 흔들리면 자녀는 그 사정을 듣고 마음의 준비를 해야 한다. 부모는 자녀가 힘들어하더라도 이혼에 대한 여러 사정을 미리 설명해주어야 한다. 그것이 자녀의 적응을 돕는 길이다.

② 부모가 자신을 깊이 신경 쓰고 있다는 확신이 필요하기 때문이다.

아이들은 이혼 얘기를 하며 싸우는 부모의 대화를 들으며 두려움을 느낀다. 아이들은 이혼 후 어느 부모가 자신을 키워줄지, 어느 집에서 살게 될지 불안하고 궁금해한다. 그 외에도 궁금한 것이 많지만 두려워서 질문하기를 망설인다.

아이들은 부모가 그런 자신의 마음을 알고 헤아려주기를 바란다. 부모는 이혼의 이유와 주변 상황들에 대해 자녀에게 잘 설명해주어야 한다. 아이들은 이혼에 관한 부모의 설명을 들으며 부모가 자신의 미래를 깊이 신경 쓰고 있다는 확신을 얻고 불안감을 해소할 수 있다.

③ 자신이 가족들에게 중요한 존재라는 확신이 필요하기 때문이다.

사람은 누구나 자신이 중요한 존재라는 확신이 필요하다. 성장기 자녀에게는 특히 자신이 가족들에게 중요한 존재라는 확신이 필요하다. 그런 믿음은 아이가 성장하는 동안 언제나 강하게 자리 잡고 있어야 한다. 그 믿음은 아이가 힘든 일을 겪을 때마다 용기를 주는 근거가 되기 때문이다.

부모가 이혼을 고려 중인 상황을 자녀에게 숨기면 그 믿음이 흔들린다. 자신은 부모가 이혼이라는 큰 결정을 하는 데 별로 고려할 대상이 아니라는 생각을 하게 된다. 물론 부모가 이혼한다는 얘기는 아이에게 큰 충격을 준다. 하지만 그 얘기를 미리 듣는 아이는 부모가 자신을 중요하게 생각하고 있다는 존중의 마음을 느낀다.

아이가 이혼의 아픔을 잘 극복하려면 자신이 가족에게 중요한 존재라는 확신이 필요하다. 그러기 위해서 부모는 이혼 과정을 자녀에게 미리 설명해주어야 한다.

자녀에게 이혼에 관해 설명할 때 전해야 할 세 가지
① 부모가 이혼을 결정하기 전에 관계회복을 위해 어떤 노력을 했는지
   설명해주어야 한다.

자녀는 이혼에 대해 부모가 갈등을 해결하지 못하고 서로를 포기한 결과로 이해한다. 하늘 같은 부모가 가장 소중한 가족 관계를 깬 것으

로 생각한다. 그런 생각은 자녀의 마음에 실망감을 준다. 자녀는 성인이 된 후 자신도 그런 결정을 하지 않을까 걱정한다.

자녀가 받는 충격을 줄이려면 부모가 관계회복을 위해 얼마나 애썼는지를 자녀에게 알려주어야 한다. 이혼은 부모가 관계회복을 위해 모든 노력을 다한 후 불가피하게 선택한 뼈아픈 결정이라는 것을 알았을 때 자녀는 부모가 소중한 가족을 지키기 위해 얼마나 사려 깊게 애썼는지 알 수 있다.

아이들은 부모가 가정을 지키기 위해 끝까지 노력한 현명한 어른이라고 믿고 싶다. 부모에 대한 그런 믿음은 자녀가 마음을 열고 자기 얘기를 하는 데 도움이 된다. 부모의 이혼 과정이 실망스러우면 아이가 마음의 문을 닫아버릴 수 있다.

자녀가 감정 표현을 안 하면 부모가 자녀를 위로하고 돕는 것이 힘들어진다. 자녀들이 자신의 아픔을 숨기면 정서적으로 건강하게 성장하기 어렵다. 비록 이혼했더라도 그 과정에서 부모가 가정을 지키기 위해 최선의 노력을 다했다는 사실은 자녀가 이혼의 상처를 극복하는 데 큰 도움이 된다.

② 아이가 부모의 사랑 속에서 모두의 축복을 받으며 태어났다는 것을 알려주어야 한다.

아이들은 자신이 부모의 사랑과 축복 속에서 태어났다고 굳게 믿는다. 하지만 이혼 전후의 상황은 자녀의 그런 마음을 흔들고 괴롭힌다.

'저렇게 미워하고 싫어하는 걸 보니 나는 사랑해서 낳은 아이가 아니구나.'

아이들은 그렇게 생각하며 큰 고통을 느낀다. 심지어 자신을 분쟁과 분노의 결과라 오해하기도 한다.

비록 결혼이 깨졌지만, 자녀는 부모의 사랑으로 태어난 기쁜 선물이었음을 알려주어야 한다. '엄마, 아빠는 사랑으로 결혼했고 난 가족들이 기뻐하는 이쁜 아기였어!' 자녀가 이러한 믿음을 마음속에 영원히 간직하도록 반복해서 알려줘야 한다.

③ 이혼의 책임이 자녀에게는 없다는 것을 알려주어야 한다.

아이들은 이혼을 이해하지 못한다. 이혼으로 집을 떠난 부모가 자신 때문에 집을 나갔다고 생각하기도 한다. 자신이 부모의 말을 듣지 않아서 부모가 헤어졌다고 생각한다. 자기가 숙제를 하지 않아서, 친구들과 사이좋게 지내지 않아서, 부모가 이혼했다고 자책하기도 한다.

이처럼 아이들은 이혼의 원인을 혼자 판단하고 오해할 때가 많다. 부모는 아이가 혼자 오해하고 괴로워하지 않도록 잘 설명해주어야 한다.

"너희들의 행동은 엄마, 아빠의 이혼과 아무 상관이 없어. 그저 어른들끼리 사이가 좋지 않아서 생긴 일이야!"

부모가 빨리 바로잡아주지 않으면 아이들이 자책하는 시간이 길어질 수 있다.

자녀에게 이혼에 관해 설명할 때 주의해야 할 세 가지

① 자녀가 부모에게 자신의 요구사항을 편히 말할 수 있도록 도와주어야 한다.

부모는 자녀와 이혼 후에 일어나는 변화와 앞으로의 양육 계획에 대해 충분히 의논해야 한다. 아이는 자신의 앞날에 대해 궁금한 것이 많다. 이혼 전후의 큰 변화뿐 아니라 작은 부분에서도 본인의 의사가 반영되기를 바란다. 부모는 자녀가 원하는 것을 잘 표현하도록 도와주어야 한다.

아이는 또래 친구들과 계속 놀 수 있는지 공은 계속 찰 수 있는지 불안하고 궁금하다. 아이는 그런 활동들이 변함없이 이어지기를 원한다. 부모는 아이의 질문에 대답하고 요구사항을 해결해줘야 한다.

② 자녀와 대화할 때 전에 얘기한 내용을 정확히 요약하고 답변해주어야 한다.

자녀는 부모가 이혼 전후에 무척 바쁘다는 걸 안다. 깊은 얘기를 듣지 못해도 부모가 심리적으로 고통스러워하는 걸 느낀다. 그래서 자녀는 자신의 미래가 불안하지만, 그 불안한 마음을 표현하지 못한다. 그저 부모를 바라보기만 할 뿐이다.

이혼 전후 챙길 일이 많은 부모는 실제로 자녀를 잘 돌보기 어렵다. 아이들은 부모의 손길이 줄어들면 본인들이 방치된다는 느낌을 받을 때가 많다. 부모는 아이들이 소외감을 느끼지 않도록 자녀의 얘기에 집중해야 한다. 자녀는 부모가 자신이 이야기한 것을, 요구한 것을 기억해주기를 원한다.

부모는 아이에게 앞선 대화에서 아이와 의논한 내용을 잘 기억하고 아이를 위해 의논한 내용대로 실천하겠다는 믿음을 주어야 한다. 이혼 전후에 자녀가 가장 의지하는 건 자신에 대한 부모의 변함없는 관심이다.

③ 애매한 표현, 한쪽 부모 중심의 설명을 피해야 한다.

이혼의 원인을 자녀에게 설명하는 것은 부모로서 괴로운 일이다. 한쪽 부모가 외도나 도박을 했거나, 다른 불미스러운 문제가 원인일 경우에는 특히 솔직하게 설명하는 것이 망설여진다. 오랜 갈등의 결과로 이혼했다면 이혼을 결정하게 된 특별한 사유가 없어서 설명하기가 어려울 수도 있다.

부모가 이혼의 원인에 대해 애매하게 설명하면 자녀는 혼란스러워한다.

"서로 맞지 않아서 헤어진 거야."

"아빠는 엄마와 생각하는 방법이 너무 달랐어."

"엄마, 아빠는 처음부터 많이 다른 사람들이었어."

이런 표현들은 자녀의 이해를 방해한다.

서로 맞지 않았다면 구체적으로 무엇이 맞지 않았는지 설명해주어야 한다. 아빠와 엄마 사이가 왜 갑자기 나빠졌는지, 서로에게 어떤 상처를 주었기에 헤어지게 됐는지 설명해주고, 외도했다면 솔직하게 "엄마, 아빠가 이제 다른 사람을 사랑하게 됐어. 그래서 그 사람과 같이 살게 된 거야."라고 아이가 이해할 수 있도록 설명해주어야 한다.

그러나 자녀의 이해를 돕는 설명을 하며 조심해야 할 것이 있다. 다른 쪽 부모를 가해자로 단정 짓는 설명은 피해야 한다. 이혼은 양쪽 부모 모두에게 책임이 있다는 것을 인정하는 설명과 대화를 해야 한다. 나는 희생자고 상대방은 가해자라는 설명은 아이와 다른 쪽 부모의 관계를 방해한다. 아이의 정서적인 안정을 위해서 상대방도 부모로서 존중받도록 대화해야 한다.

부모의 이혼 후 자녀의 적응을 돕는 대화법

☖

자녀의 적응을 돕기 위한 부모의 태도

① 자녀가 부모의 이혼에 대해 편안히 질문하도록 도와주어야 한다.

성장기 아이들은 가정에 아무 일이 없어도 감정 기복이 심하다. 부모의 이혼은 그런 시기의 자녀에게 감당하기 힘든 변화다. 사고력이 미숙한 아이들은 왜 같이 살던 부모가 집을 나가야 하는지 이해하기 어렵다. 이혼을 논리적으로 이해하기 어려운 자녀는 궁금한 것이 많다.

자녀가 이혼에 대해 질문하면 부모는 최선을 다해 설명하여 자녀에게 안정감을 주어야 한다. 어른들의 사생활이나 답변하기 어려운 얘기에 대해서도 최대한 아이의 지적 수준에 맞게 설명해주어야 한다. 자녀의 질문을 쓸데없는 호기심 때문이라고 무시하면 안 된다. 아이는 자신의 지성과 감성을 최대한 동원해 부모의 이혼을 이해하려고 노력하게 마련이다. 부모는 그런 자녀의 감정 표현을 존중하고 이혼의 전후 사정을 이해하도록 도와주어야 한다.

"넌 네가 할 일이나 열심히 하면 돼. 설명해줘도 이해 못 할 거야."

이런 식으로 아이를 무시하는 말은 아이의 감정을 얼어붙게 만들고 부모의 이혼에 적응하는 데 방해가 된다.

② 자녀를 주의 깊게 지켜보며 부드러움과 엄격함을 유지해야 한다.

이혼 후 부모가 자녀에게 신경을 못 쓰는 것은 무관심해서가 아니다. 자녀 외에도 신경 쓸 일이 많고 바빠진 생활 탓에 자녀를 돌볼 여유가 없기 때문이다. 하지만 아직 어려서 부모의 상황을 이해할 정도로 성숙하지 못한 자녀는 일하느라 바쁜 부모를 기다리며 서운한 감정을 느낄 때가 많다.

아이가 그렇게 느끼는 건 당연하다. 아직 미숙하기도 하지만 이혼 후 달라진 상황이 힘들고 낯설어서 부모의 손길을 더 필요로 하기 때문이다. 부모는 이런 자녀의 마음을 깊이 헤아리고 부모의 입장과 상황을 최대한 부드럽게 설명해줘야 한다.

부모의 손길이 줄어들어서 심리적으로 불안한 아이들은 간혹 일탈 행동을 하거나 버릇없이 굴기도 한다. 이럴 때는 혼을 내고 규칙을 세우는 것이 필요하다. 부모가 이혼으로 자녀에게 미안한 마음을 가지더라도 아이의 문제 있는 행동을 바로잡아주어야 아이가 비뚤어지지 않고 성장할 수 있다.

③ 자녀가 경험한 것을 존중해주어야 한다.

아이들의 생각은 미숙하다. 어른의 관점에서 볼 때 아이의 생각과 경험은 허술하고 현실성이 없어 보일 때가 많다. 하지만 아이들의 생각은 변한다. 키가 크듯 조금씩 성숙해진다. 성장기의 아이들은 부모의 칭찬과 기대가 필요하다.

부모는 자녀의 생각이나 경험을 어른의 잣대로 평가하지 말아야 한다. 그런 대화는 자녀를 위축시킨다. 부모는 자녀가 경험한 것을 존중해주어야 한다. 아이의 경험과 취향을 존중하며 "너는 그렇게 생각하는구나. 아빠는 그 부분에 대해 이렇게 생각해." "네 말이 맞기도 하지만, 그건 서로 다른 것 같다."와 같이 아이의 의견을 최대한 인정하고 공감하는 대화로 이끌어가야 한다.

자녀의 의견은 당연히 미숙하다. 자녀가 자신에 대해 자부심을 느끼며 잘 성장할 수 있도록 돕는 것이 부모의 역할이다.

④ 부모는 자녀가 자기 문제로 고민하는 동안 차분히 기다려주어야 한다.

부모는 자녀가 자신의 문제를 해결하려고 노력하는 동안 기다려주어야 한다. 부모가 모든 해답을 주려고 하면 안 된다. 그런 행동은 자녀가 스스로 성장할 수 있는 기회를 빼앗는다. 아이들은 자신의 문제를 혼자 해결하고 싶어 한다. 부모의 도움 없이 자신의 힘으로 무언가를 이뤄보려는 마음은 칭찬을 받아 마땅하다.

부모는 노력하는 자녀를 차분히 기쁜 마음으로 지켜보며 지지해주어야 한다. 자녀들은 혼자 노력하다 부모의 조언이 필요하면 도움을 청한다. 그때가 자녀를 도와줄 적절한 시간이다. 아이는 자신의 삶을 준비하고 연습할 기회가 필요하다.

⑤ 자녀가 부모를 지나치게 걱정하지 않도록 배려해주어야 한다.

이혼 후 부모는 자녀를 혼자 양육하고 일하느라 바쁘다. 오랜 감정의 소진으로 우울하고 힘든 날이 많다. 아이들은 그런 부모를 걱정한다. 일과 양육에 지친 부모는 때때로 자녀에게 힘든 마음을 하소연한다. 그런 하소연을 들은 아이는 부모의 말을 다 이해할 수 없지만, 자신이 도움이 되고 싶어 한다. 혼자 애쓰는 부모를 위로하고 싶어 한다.

부모가 힘들어하면 자녀는 감정 표현을 자제하고 부모를 걱정한다. 자신이 힘들어하면 부모가 자신을 걱정할 것을 알기 때문에 어려움이 있어도 참으려고 노력한다. 부모의 입장에서는 참으로 기특하고 고마운 일이다.

하지만 이런 시간이 길어지면 아이가 부모를 의지할 기회를 잃어버릴 수 있다. 어린 자녀가 부모에게 응석 부리고 의지하는 것은 인성 발달의 중요한 과정이다.

또 자녀가 부모를 걱정하는 시간이 길어지면 나중에 연인과의 관계에까지 영향을 줄 수 있다. 성인이 되어 연인을 만날 때 서로 돕는 동등한 관계보다 상대를 일방적으로 돌보는 상황이 더 익숙하게 느껴질 수 있기 때문이다.

부모는 부모를 위로하기 위해 노력한 자녀를 칭찬해주고 다시 아이다운 모습을 찾도록 이끌어주어야 한다. 순진무구한 자기 또래의 문화와 감정에 충실할 수 있도록 도와줌으로써 자녀는 나이에 맞게 성장할 수 있다.

⑥ 작은 거짓말은 너그럽게 모른 체해주는 것이 좋을 때가 있다.

부모는 아이를 정직한 사람이 되도록 양육할 책임이 있다. 정직한 사람이 자신의 삶에 당당할 수 있기 때문이다. 그래서 아이가 거짓말을 하면 바로잡아주고 필요하면 벌도 주어야 한다.

이혼 후 부모 간에 대화가 단절되면 아이가 꾀를 부려 거짓말을 할 때가 있다. 친구들과 놀았는데 이혼해서 따로 사는 부모의 집에 있었다고 둘러대는 것이다. 아이가 이렇게 거짓말을 하면 한두 번쯤 모르는 척 속아주는 것도 좋다. 아이들은 간혹 어른들의 시선에서 벗어나고 싶어 한다. 어른들도 어린 시절에 다 그런 경험이 있을 것이다.

하지만 여러 번은 안 된다. 한두 번은 애교로 이해할 수 있지만, 부모를 반복해서 속이려 드는 건 바로잡아주어야 한다.

성인 자녀의 자존감을 떨어뜨리는 7가지 대화법

① 현실의 어려움을 지나치게 강조하는 대화법.

"인생이 마음대로 될 거 같아? 직장을 구하려면 이력서를 100번 이상 내야 하는 게 현실이야! 세상 만만하게 보면 안 된다."

— 직접 부딪혀보기도 전에 경계심부터 불러일으킨다.

② 현실의 지나친 과소평가.

"전혀 걱정할 필요 없어. 다 잘될 거야. 버스 놓쳤다고 다음 버스 안

오니? 곧 더 좋은 버스가 텅텅 비어서 올 거야. 신경 쓸 거 없어."

—차분한 현실 대응을 경시한다.

③ 습관적인 격려.

"첫술에 배부르겠어? 시작이 반이라는 말도 있잖아. 노력하다 보면 좋은 날이 올 거야."

—내용도 성의도 없는 위로와 격려는 하지 않는 것이 낫다.

④ 잘난 체하기.

"난 네 나이 때 너처럼 하지 않았어. 난 그때 사회생활하는 법을 이미 잘 알고 있었지."

—자녀를 위로하거나 용기를 줄 생각이 없다.

⑤ 잘못을 지적하는 화법.

"넌 그게 문제야. 항상 끈기가 부족해서 일을 그르치잖아? 넌 너무 변덕이 심해서 불안해 보일 때가 많아."

—자신감과 자존감을 떨어뜨린다.

⑥ 삶에 대한 비관적 관점.

"난 평생 노력해도 사는 게 나아지지 않았어. 너도 큰 성공 같은 거 바라지 말고 그냥 성실하게 살아라. 우리 같은 사람들은 그게 최선이야."

—긍정적 에너지를 고갈시켜 아이를 소극적으로 만든다.

⑦ 자녀의 의견을 경시하는 대화.

"네가 아직 세상을 살아보지 않아서 생각하는 게 현실성이 없어. 그렇게 생각해서는 되는 일이 하나도 없다."

—아이의 하려는 의지를 꺾는다.

성인 자녀의 성공을 돕는 7가지 대화법

① 도전 의지를 북돋우는 대화법.

"넌 성공할 거야. 도전할 때는 실패를 두려워하지 마. 사람은 실패하면서 배우고 성장하는 거다. 넌 잘 해낼 거야!"

② 현실을 담담히 보고 침착히 대응하도록 도와주는 대화법.

"청년 취업이 힘들다고 하지만 많은 기업이 일할 사람이 없어서 어려움을 겪고 있어. 좀 더 깊이 들어가서 분석하고 준비하면 기회를 찾을 수 있을 거야. 잘 준비해보고 어려움이 있으면 또 얘기하자."

③ 상황에 적절한 구체적 조언과 격려가 중심이 된 대화법.

"지난번 면접시험에서 떨어졌던 건 그 회사의 인사 기준에 대해 너무 몰랐던 게 중요한 이유였던 거 같아. 구인 사이트를 잘 검색하면 그

회사 면접을 본 사람들의 피드백을 찾을 수 있어. 좀 더 구체적인 준비를 하면 좋은 결과를 얻을 수 있을 거야!"

④ 부모와 자녀 자신에 대한 자부심을 동시에 느끼게 해주는 대화법.

"아빠도 네 나이 때는 진로와 적성에 대한 고민을 많이 했었다. 그래서 이런저런 아르바이트를 하며 흥미로운 일을 찾다 보니 내 적성을 알겠더라고. 뭐든 경험해봐야 자신을 발견하게 되는 것 같아. 넌 아빠보다 더 적극적이고 머리도 좋으니 네 길을 잘 찾을 수 있을 거야."

⑤ 단점을 덮어주고 장점을 발전시키는 대화법.

"끈기가 부족한 건 네가 끈기를 가질 매력적인 일을 찾지 못해서 그래. 아빠가 보기에는 그렇게 자주 포기하는데도 또 새로운 일에 도전하는 건 정말 대단한 끈기야. 아빠 같으면 그렇게 못했을 거야. '나는 왜 이렇게 자주 포기하지?'라고 고민하지 말고 그렇게 계속 원하는 것을 찾아서 도전하면 결국 즐겁게 오래 할 수 있는 일을 찾을 수 있지 않을까? 아빠가 보기에는 자주 뭘 그만두는 건 짧게 보면 단점이지만 길게 보면 장점이야. 아무것도 하지 않는 게 문제지. 넌 잘하고 있어. 힘내!"

⑥ 삶에 긍정적인 관점을 심어주는 대화법.

"아빠는 지금도 감사하고 행복해. 삶은 나와 내 주변이 조금씩 나아지도록 계속 돕고 용기를 주는 과정이야. 아빠는 그렇게 살았고, 그래서 지금 예전보다 고맙고 행복한 일이 많단다. 너는 아빠보다 더 성공하고 주변 사람들에게 힘이 많이 될 사람이야. 아빠는 널 믿는다."

⑦ 자녀의 의견을 존중하고 용기를 주는 대화법.

"아직 경험이 없어서 이것저것 시행착오가 있는 건 당연한 일이야. 그건 네가 아직 젊고 기회가 많다는 의미이기도 해. 실수나 단점이 남에게 보일까 봐 너무 걱정할 거 없다. 네 나이 때는 다 그러면서 성장하는 거야."

이혼 후 자녀의 부모 따돌림

자녀가 부모 사이의 비난을 들으며 느끼는 감정과 피해

① 아이는 부모에 대한 비난을 들을 때 자신이 공격받는다고 느낀다.

한쪽 부모가 자녀 앞에서 다른 부모를 비난할 때가 있다.

"우리가 이혼한 것은 다 네 아빠 잘못 때문이야!"

"어떻게 그런 행동을 하고도 당당하고 뻔뻔할 수 있는지 이해가 안 간다."

"엄마가 얼마나 큰 피해를 봤는지 아니?"

아이는 아무런 대답을 할 수 없다.

부모에 대한 비난을 듣는 자녀는 자신이 공격받는다고 느낀다. 자녀가 그렇게 느끼는 이유는 비난의 대상이 된 부모와 자신을 동일시하기 때문이다.

나이가 어린 자녀는 아직 아빠와 엄마를 자신과 분리해서 생각하지 못한다. 이혼 후 전 배우자를 비난하는 것은 자녀를 비난하는 것과 같다. 자녀는 부모의 비난을 그렇게 받아들인다.

② 아이는 부모를 따돌리도록 조종당하면서도 그것을 인식하지 못한다.

부모가 다른 쪽 부모에 대해 악의적인 비난을 반복하면 자녀는 그것을 감당하지 못한다. 아이는 이런 상황을 극복하려고 노력하지만 다른 쪽 부모에 대한 좋은 기억과 감정을 부정하기에 이른다. 자녀는 결국 부모와 연결된 관계의 끈이 흔들려 그 부모를 따돌리게 된다.

이혼 후 자녀가 부모와 멀어지는 일은 이런 과정을 통해 생긴다. 문제는 자신이 설득되었다는 것을 모른다는 점이다. 어른의 생각을 똑같이 따라 하면서도 그것이 자신의 본래 생각이라 믿는다. 자녀의 부모 따돌림은 한쪽 부모의 집요한 헐뜯음이 원인인 경우가 많다.

③ 부모의 비난과 헐뜯기는 자녀의 감정 표현과 친구 관계에 부정적인 영향을 준다.

부모의 비난과 헐뜯기는 자녀가 한쪽 부모만 선택하고 편들도록 압박한다. 하지만 아무리 부모의 압박이 심해도 자녀는 한쪽 부모만을 편들 수 없다. 아이에게는 양쪽 부모 모두가 소중하기 때문이다.

아이는 다른 쪽 부모를 비난하는 부모의 눈치를 보며 괴롭다. 이런 일이 반복되면 부모와의 관계가 불편해진다. 학교생활과 친구 관계도 나빠진다.

이혼 후 아이가 새로운 환경에 잘 적응하려면 또래 친구들과 잘 지내야 한다. 자녀가 주변 친구들과 원만히 잘 지내려면 자신감을 가져야 한다.

하지만 아이가 두 부모 사이에서 눈치를 보며 감정 표현이 어려우면 건강한 자신감을 가질 수 없다. 부모의 비난과 헐뜯기는 자녀를 위축시킨다.

자녀가 부모를 따돌릴 때 생각할 것들

① 나를 따돌리고 있는 자녀는 이혼에 지친 가장 큰 피해자다.

이혼의 상실감으로 괴로운 부모는 아이를 의지한다. 부모는 결혼 생활 중에 자신의 실수가 있었더라도 자녀가 자신을 믿고 지지해주기를 바란다. 그런 부모에게 자녀의 따돌림은 큰 충격을 준다.

부모는 자신과 잘 지내던 아이가 갑자기 자신을 멀리하는 것을 이해할 수 없다. 전 배우자가 아이에게 자신에 대해 험담했더라도 자녀가 부모를 따돌리는 것은 상상하기 어려운 일이다.

이혼 직후 아이의 부정적인 행동은 어른들의 감정과 생각에서 출발한 것이 많다. 자녀가 혼자만의 선택으로 부모를 따돌리는 일은 거의 없다. 부모를 놀리는 짓궂은 아이들도 부모가 아프면 진심으로 걱정하고 슬퍼한다. 부모를 따돌리는 아이의 말과 행동만으로 그 중심을 판단하면 안 된다.

아이는 한쪽 부모가 다른 쪽 부모를 헐뜯을 때 어떻게 대응해야 할지 모른다. 자녀는 아직 부모의 비난을 거부하고 자신의 마음을 지켜낼 힘이 없다. 아이가 한쪽 부모를 따돌리는 것은 자녀가 자신의 마음을 지키지 못한 결과다.

그러나 아이는 겉으로는 부모를 따돌리더라도 속으로는 부모를 의지한다. 부모를 필요로 한다. 그런 마음이 분명히 있다. 그건 인간의 본능이기 때문이다.

하지만 아이는 자신의 감정을 정확히 모르고 표현력이 미숙하다. 그런 속마음을 전달하기 어렵다. 부모는 '내 아이는 내가 가장 잘 안다.'고 생각하지만 그건 어른의 생각일 뿐이다. 아무리 부모라 해도 이혼 후 자녀의 심리를 다 알지 못한다. 미숙하고 약한 자녀는 이혼의 가장 큰 피해자다.

② 자녀의 말에 민감하게 대응하지 말고 이해의 폭을 넓혀야 한다.

사람은 누구나 타인의 비난을 반복해서 들으면 평소 좋게 생각하던 사람을 오해할 수 있다. 아직 사리 판단이 미숙한 아이들은 더욱 그렇다. 어린 자녀는 부모의 주장에 설득되기 쉽다. 그래서 혹 자녀가 부모를 비난하더라도 민감하게 반응하지 말아야 한다.

아이가 부정적인 얘기를 하는 것은 대부분 어른의 비난 때문이다. 아이는 아직 미숙하다. 어른들의 갈등에 휘둘리기 쉽다.

"아빠가 우리 가족을 불행하게 만든 장본인이야!"

자녀가 이렇게 말하면 먼저 자녀의 생각을 물어봐야 한다. 화를 내거나 혼부터 내면 안 된다. 자녀가 어른들의 갈등에 영향을 받고 아직 판단 능력이 부족한 것을 배려해주어야 한다. 자녀의 얘기를 직접 비판하고 따지면 안 된다. 대화가 단절될 수 있다.

③ 전 배우자를 자녀의 부모로 인정하고 긍정적으로 생각하려고 노력
   해야 한다.

　이혼 후 전 배우자가 아무리 미워도 인정해야 할 것이 있다. 전 배우자가 아이에게는 소중한 부모라는 사실이다.

　이혼 후 자녀를 책임지고 돌보는 일은 부모에게 가장 중요하다. 아이가 안정을 찾지 못하고 방황하면 부모의 마음이 편할 수 없다. 무슨 일을 하더라도 매사에 지치고 불안해진다. 이혼 후 자녀의 안정은 부모에게 매우 중요한 일이다.

　비양육 부모는 아이를 위해 애쓰는 부모의 노력을 고맙게 생각하고 그를 도와야 한다. 그것이 아이를 위하는 길이다. 또 양육 부모의 노력과 봉사가 아이에게 얼마나 소중한지 인정하고 표현해야 한다. 밉더라도 고마운 건 고마운 거다. '자기 아이이니 당연한 일이야!'라고 생각하면 안 된다. 격한 감정 때문에 나를 따돌리고 상처를 줬더라도 상대방은 아이를 키우고 있는 소중한 부모임을 명심하자.

④ 자녀에게 사과하고 마음을 다독여주어야 한다,

　아이 앞에서 상대 부모를 비난하고 헐뜯으면 아이가 불안해한다. 아이를 안정시키려면 비난을 멈추고 자녀에게 잘못을 인정하고 사과해야 한다. 하지만 억울한 마음의 부모가 이렇게 말할지 모른다.

"사실이 아닌데 어떻게 사과하고 인정합니까? 아무리 아이 얘기지만 받아들일 수 없습니다. 잘못된 것은 바로잡아야죠. 안 그러면 아이가 그게 사실인 줄 알 것 아닙니까? 없는 얘기 한 것도 아닌데 아이에게 왜 사과를 합니까? 아이도 전 배우자의 잘못과 뻔뻔스러움을 알아야 합니다."

화가 나서 전 배우자를 비난하고 싶은 마음은 이해한다. 하지만 그 대화의 상대가 자녀가 되면 안 된다. 이혼 전후 상대방을 비난하는 대화가 자녀에게 도움이 될까? 아이도 알 건 알아야 한다며 상대를 비난하는 것은 어른들의 입장이다.

부모가 아무리 화나고 또 그 분노가 정당하다 해도 아이에게는 상처가 된다. 상대방에 대한 분노는 어른들의 문제일 뿐이다. 더 깊이 실망하고 고통받기 전에 빨리 사과하고 자녀의 이해를 구하는 것이 아이의 마음을 돌보는 길이다.

아이가 무슨 말을 하건 그 얘기는 아이가 사실을 확인하고 하는 말이 아니다. 그저 반복해서 들은 얘기를 따라 하고 있을 뿐이다. 그 얘기를 정면으로 반박하며 바로잡는 건 아이에게 할 일이 아니다.

물론 부모의 감정은 이해한다. 때로는 부모가 자녀에게 하나도 좋을 게 없다는 걸 알면서도 속상해서 하소연을 한다. 자녀는 부모를 걱정하며 그 얘기를 듣다 영향을 받는 것이다. 그런 부모의 사정과 마음을 자녀에게 솔직히 설명해주자. 부모가 화가 나서 자제력을 잠시 잃었음을 설명해주면 자녀도 이해한다.

아이들은 기본적으로 부모를 좋아하고 따른다. 부모의 행동 때문에 괴롭더라도 마음을 곧 회복할 수 있다. 아이가 안정을 찾도록 대화의 시간을 갖고 마음을 다독여주어야 한다.

자녀의 따돌림이 심각해졌을 때 생각할 것들

① 자녀가 부모를 거부해도 부모는 자녀를 이해하고 포용해야 한다.

자녀가 한쪽 부모에 의해 세뇌당하면 다른 쪽 부모에 대한 과거의 기억을 부정하는 상황이 된다. 그 부모와의 만남이 끊어지기도 한다. 이것은 마치 광신도가 되는 과정과 흡사하다. 사람에게 부정적인 생각을 반복적으로 주입하면 본래의 자기 생각이 바뀔 수 있다.

자녀가 세뇌당하면 사랑하고 믿었던 부모를 미워하고 두려워하게 된다. 가족들과 즐겁게 생일 파티를 하며 놀았던 기억을 부정해버린다. 심지어 "그때는 그냥 즐거운 척, 잘 지내는 척했던 거예요."라고 말한다.

자녀가 그런 상태라면 부모의 마음이 지치고 무척 괴로울 수 있다. '네가 부모를 계속 거부하고 나쁜 생각을 한다면 나도 너를 더는 보고 싶지 않아!' 자녀에게 실망한 부모가 이렇게 원망의 마음을 가질 수 있다. 이런 반응은 결국 부모와 자녀의 관계를 악화시킨다.

부모는 기본적으로 자녀를 이해하고 포용해야 한다. 자녀는 이혼의 가장 큰 피해자다. 자녀는 부모의 심각한 갈등 상황을 판단하고 헤쳐 나갈 능력이 없다. 자녀는 부모 사이에서 죄의식과 감정적 상처를 받고 고통받고 있다. 자녀가 부모를 거부하더라도 그건 자녀의 진심이 아니다. 자녀가 어떻게 자신만의 생각으로 부모를 거부할 수 있겠는가?

한쪽 부모의 집요한 세뇌는 자녀와 다른 쪽 부모와의 관계를 단절시킬 수 있다. 만약 자녀와 부모가 만남을 중단하면 다시 관계를 회복하기 어렵다.

② 자녀와 논쟁하지 말고 좋은 경험을 나누도록 노력해야 한다.

자녀가 자신을 따돌린다는 것을 알았을 때 부모는 자녀의 생각이 잘못됐다는 것을 말하고 빨리 관계를 회복하고 싶어 한다. 자녀를 설득하고 싶어 한다. 그러나 당장 자녀를 설득하기는 쉽지 않다. 자녀의 태도가 부모를 따돌리는 수준까지 갔다면 한두 번의 설득으로 예전 관계를 회복하기 어렵다. 오히려 자녀가 오해하면 부모가 자신의 감정을 무시한다고 느끼고 경계심만 커질 수 있다.

부모를 따돌리는 것은 자녀가 부모를 자발적으로 평가하고 내린 결론이 아니다. 한쪽 부모가 자녀에게 다른 부모를 계속해서 부정적인 사람으로 몰아붙인 결과로 생긴 일이다. 그것은 아이가 어른들의 얘기를 듣고 판단할 능력이 아직 부족하다는 것을 의미한다.

논리적인 설득은 자녀가 상황을 어느 정도 판단할 수 있는 성장 단계에 도달해야 가능하다. 자녀는 부모의 이혼으로 혼란스러움을 느끼고 한쪽 배우자의 강력한 헐뜯음에 휘둘리고 있는 상태다.

이럴 때는 따돌림 자체에 관한 대화를 하지 않는 것이 좋다. 자녀가 부모를 따돌린다 해도 자녀가 부모와의 모든 기억을 부정하는 것은 아니다. 논리적인 대화보다는 좋았던 추억을 얘기해보는 것이 좋다. 대화가 쉽지 않다면 놀이동산이나 뮤지컬 공연 같은 프로그램을 활용해서 즐거운 시간을 갖는 것이 좋다.

사람이 살아가는 데 가장 어려운 일은 억울함을 해소하는 일이다. 사랑하는 자녀의 따돌림을 겪으며 느끼는 억울한 감정은 부모로서 감내하기 어렵다. 하지만 부모는 그것이 결코 자녀의 본심이 아니라는 것을 생각하며 잘 이겨내야 한다.

개중에는 자기 주관을 또렷이 표현하는 어른 같은 자녀도 있다. 이런 아이는 한쪽 부모가 다른 쪽 부모를 헐뜯는 것에 대해 "저에게 엄마(아빠)를 욕하지 마세요!" "저에게는 소중한 부모입니다. 부모님의 일은 두 분이 직접 말씀하세요."라며 부모의 갈등에 개입하기 싫은 자기 입장을 분명히 밝힌다.

나이는 어리지만 이런 아이는 양쪽 부모와 좋은 관계를 유지할 자생력과 주관이 있다. 나이보다 성숙한 경우다. 아이가 이렇게 말하면 부모도 다른 쪽 부모에 대한 비난과 헐뜯음을 지속하기 어렵다.

그러나 모든 자녀에게 이런 자기 주관과 의연한 대처를 기대할 수는 없다. 부모는 그럴 수 없는 자녀의 미숙함과 내면의 상처를 배려하고 보듬어주어야 한다. 자녀의 변한 모습에 대응하기 어려우면 심리 상담사의 도움을 받는 것도 좋다. 전문가와의 상담을 통해 상황을 이해하고 자녀와의 만남을 이어가는 것이 시행착오를 줄이는 데 도움이 될 수 있다.

③ 자녀와의 지속적인 만남을 반드시 확보해야 한다.

우리나라의 이혼 가정은 '양육 모 가정'의 비중이 훨씬 높다. 자녀들은 엄마와 같이 살며 보통 2주에 한 번 주말을 이용해 아빠 집을 방문한다. 아빠 집을 방문할 때 자녀가 부모를 억지로 만나는 모습을 보이면 부모의 마음이 상할 수 있다.

"2주에 한 번 아빠 집에 오는 것이 그렇게 꺼려지고 마음이 불편하면 차라리 오지 마라."

"아빠가 널 얼마나 아끼고 사랑하는지 생각해보고 오고 싶을 때 와."

아이의 태도를 보고 실망한 부모는 섭섭한 감정을 이렇게 표현하기 쉽다. 이런 반응은 따돌림을 처음 경험하는 부모가 하기 쉬운 실수다. 부모는 냉정하게 생각해야 한다. 아이의 태도를 정말 아이의 진심이라 말할 수 있을까? 부모가 화목했다면, 이혼하지 않았다면, 자녀는 분명 그렇게 행동하지 않았을 것이다. 이것을 인정하고 아이와의 만남을 이어가야 한다.

이혼 후 자녀가 부모를 따돌리는 일이 흔한 것은 아니다. 갈등이 심한 부모도 자녀에게 양쪽 부모가 모두 필요한 것은 인정한다. 자녀와 부모의 관계를 끊기 위해 집요하게 아이를 설득하는 일은 이혼한 부부의 상처가 아주 깊은 경우에 일어난다.

이혼 초기 부모와 자녀의 만남이 뜸해지면 나중에도 관계를 회복하기 어렵다. 이혼 직후는 자녀에게 부모의 손길이 가장 필요한 시기다. 자녀가 부모를 따돌리는 것은 자녀 스스로 큰 상처를 만드는 일이다.

아이는 마음속으로 부모를 원하면서도 드러나는 행동은 그와 반대일 때가 많다. 부모와 아이가 만남을 이어가는 일은 아이의 상처 회복을 위해서 꼭 필요하다.

자녀가 아무리 부모를 필요 없다 해도 아이는 지금까지 부모의 보살핌 아래 성장해왔다. 부모를 따돌리는 아이를 부모도 똑같이 따돌리면 아이는 버려지는 느낌을 받는다. 아이가 부모를 밀어내더라도 부모까지 아이를 거부하고 밀어내면 안 된다. 부모의 그런 행동은 자녀에게 '역시 아빠는 나를 미워하는 것이 틀림없어!'라고 확신을 주게 된다. 그리되면 아이의 마음은 더 닫히게 된다.

독한 마음을 품은 전 배우자는 아이를 냉대하는 상대방의 태도를 문제 삼아 양육권 조정 신청을 할지 모른다. 이런 싸움에 자녀가 희생되지 않도록 부모는 자녀를 배려하고 침착하게 행동해야 한다. 부모의 갈등에 희생된 아이를 돕는 최선의 길은 자녀와의 만남을 이어가는 것이다.

④ 자녀가 부모를 부정하고 따돌린다면 빨리 대처해야 한다.

이혼 후 자녀를 세뇌해 다른 부모와의 관계를 깨는 일은 일종의 '정서적 살인'이다. 한쪽 친부모와 관계가 단절되면 아이는 버려진 느낌을 받는다. 부모 간의 심각한 따돌림에 빠진 자녀를 설득하려면 경험 많은 심리상담 전문가의 도움을 받는 것이 좋다.

자녀의 거부로 이미 부모와의 만남이 끊긴 상황이라면 빨리 법원에 조정 신청을 내야 한다. 법원이 만남 일정을 정할 때 전문가의 의견을 참고하므로 미리 알아보고 준비하는 것이 좋다.

간혹 전문가 중에 아이의 마음이 돌아설 때까지 기다리자고 조언하는 사람이 있다. 그건 결코 옳은 조언이 아니다. 부모를 거부하는 자녀를 내버려두면 시간이 지나도 마음을 회복하기 어렵다. 친부모를 부정하던 자녀도 만남을 이어가면 마음이 열리고 관계를 회복할 수 있다.

자녀는 부모를 계속 만나야 한다

눈에서 멀어지면 마음에서도 멀어진다는 말은 분명한 사실이다. 부모와 자녀는 자주 만나야 관계가 좋아진다. 이 말은 다양한 연구 결과를 통해서도 입증되었다

미국 변호사 협회는 부모를 따돌리도록 세뇌받은 자녀에 대한 대규모 연구를 후원했다. 협회 소속 남편과 아내 연구팀인 스탠리 클라워 박사와 브린 리블린 박사는 여러 사례를 연구한 결과 이혼 가정의 자녀와 따돌림당하는 부모의 만남을 늘리는 것이 관계를 회복하는 가장 효과적인 방법이라는 것을 발견했다.

두 박사는 다음과 같이 보고했다. "거의 400개나 되는 사례에서 법원이 자녀들과 따돌림당한 부모의 만남을 늘린 경우(이중 절반은 자녀들이 부모와의 만남을 거부했는데도 늘렸다) 교정 이전에 아이들이 보였던 여러 가지 교육적, 사회적, 신체적 문제들이 없어지거나 줄었고, 아이와 부모의 관계가 90% 이상 성공적으로 변했다."

법원은 따돌림을 당한 부모와 자녀가 더 빈번히 만날 것을 명령했다. 그리고 그 결과는 놀라웠다. 자녀가 부모를 다시 만난 후 정서적 안정, 학교생활 적응, 신체적 성장 등 모든 부분이 개선된 것이다. 더욱 중요한 사실은 억지로 부모를 만난 자녀들이 부모와의 관계가 좋아진 점이다.

법원의 명령은 부모와 자녀의 관계를 개선한 현명한 결정이었다. 자녀가 부모를 따돌리면 부모는 어떻게 대응해야 할지 몰라 곤혹스럽다. 어떤 심리 상담사는 이럴 때 자녀가 부모를 찾을 때까지 기다리라고 권유하기도 한다. 그러나 그것은 현명하지 못한 판단이다. 자녀의 마음이 돌아오기를 기다리는 것은 갈등을 해결하는 것이 아니라 오히려 관계를 악화시키기 쉽다. 말과 행동으로 부모를 거부하더라도 그건 자녀 자신의 의지가 아니기 때문이다.

자녀와 부모가 공백기를 가지면 그 시간만큼 부모와 자녀의 관계는 멀어진다. 시간이 흐른 후 다시 만나도 관계가 좋아지기 어렵다. 이혼 후 부모와 자녀는 자주 정기적으로 만나는 것이 중요하다.

이혼 후 지속되는 갈등의 영향

양육권 소송

김태현 씨(47세)와 서현주 씨(43세)는 2년 전에 이혼했다. 이혼 사유는 '성격 차이'였다. 재산에 대한 다툼이 있었으나 두 사람은 소송 없이 합의이혼을 했다.

아들 정훈(중2)은 아빠가 양육하기로 했다. 이혼 후 태현 씨에게 여자친구가 생기자 현주 씨는 양육권을 돌려달라고 요구했다. 전남편의 여자친구는 전남편 회사의 여직원이었고 예전부터 눈에 거슬리는 사람이었다.

현주 씨는 아들을 두 사람 곁에 둘 수 없었다. 현주 씨는 그 여직원이 정훈이의 새엄마가 되는 걸 받아들일 수 없었다. 태현 씨는 현주 씨의 요구를 거절했고 현주 씨는 변호사와 양육권 소송을 검토 중이다. 교육 환경은 현주 씨 쪽이 열악한 편이다.

이혼 가정의 자녀는 성인이 되기 전까지 부모의 양육을 받아야 한다. 한쪽 부모가 양육을 책임지고 다른 쪽 부모도 그것을 도와야 한다.

부모가 서로 잘 협조하면 자녀가 안정적으로 성장할 수 있다. 부모가 협조하지 못하고 갈등이 반복되면 양육권 분쟁이 생길 수 있다. 양육권 분쟁의 표면적인 이유는 아이가 처한 양육 환경에 문제가 있으니 그것을 바꾸자는 주장이다. 하지만 그 얘기는 어른들의 명분일 경우가 많다.

부모의 이혼으로 가정이 깨졌는데 자녀에게 단순한 생활상의 불편함이 소송을 하면서까지 개선해야 할 중요한 문제가 될까? 정말 중요한 것은 그게 아니다. 비록 이혼은 했더라도 부모가 자녀의 양육을 서로 돕는 분위기라면 여건이 좀 어렵더라도 아이들이 잘 적응할 수 있다. 아이에게 필요한 건 지금보다 더 좋은 외적 환경이 아니라 부모 사이의 이해와 협조다.

상대방에 대한 분노와 원망에서 출발한 양육권 소송은 자녀에게 다시 한번 깊은 상처를 줄 뿐이다. 부모가 양육권 분쟁을 하면 자녀는 아직 아물지 않은 이혼의 상처 속에 더 깊은 내상을 입는다. 그런데도 반드시 양육권 소송을 해야 한다면 자녀를 위해 검토해야 할 사항들이 있다.

① 양육권 소송이 자녀가 성장하는 데 정말 필요한 과정인가?

양육권 소송을 하는 부모들은 자녀를 위해 소송한다고 말한다. 이유가 진짜 그것뿐이라면 문제를 쉽게 해결할 수 있다. 전문가의 조언을 듣고 그것에 근거한 법관의 결정을 양쪽 부모가 좋은 마음으로 따르면 된다.

하지만 많은 양육권 소송은 그런 '신사적인 판단'의 범위를 넘어선다. 양육권 소송은 자신이 양육자로서 더 자격이 있다는 것을 서로 다투는 과정이다. 소송에서 승리하려면 다른 부모의 자격이 부족하다는 것을 입증해야 한다. 부모는 '상대편의 약점을 증명해서 내 자녀 찾아오기'인 양육권 소송을 자녀가 정말 원하는지 고민해보아야 한다. 어른들의 얘기와 달리 양육권 소송은 많은 경우 자녀를 위한 소송이 아니다.

소송 과정에서 자녀는 누가 데려가 키울 것인지를 가리는 대상물로 전락하기 쉽다. 이런 논의가 치열해지면 이혼의 피해가 고스란히 자녀에게 쏟아진다. 자녀가 올바로 성장하기 위해서 이런 상황은 막아야 한다.

부모는 양육권 취득을 분쟁의 승리 지표로 삼아서는 안 된다. 자녀가 한쪽 부모와의 생활을 중단하고 다른 쪽 부모와 살면 과연 그 아이의 성장에 도움이 될까? 진지하게 고민해봐야 한다.

② 양육권 소송을 시작하기 전에 스스로에게 물어보자.

"나에게 상대방을 응징하려는 마음이 과연 없을까?"

"이 소송이 과거에 자녀에게 미안했던 내 감정을 덜어내기 위한 노력에 불과한 것은 아닐까?"

"늦었지만 나도 충분히 양육자로서 적합한 사람임을 증명하려는 건 아닐까?"

"양육권 소송이 무엇보다 자녀를 더 잘 키우려는 현명한 노력이 맞을까?"

"상대 부모보다 내가 키울 때 아이가 더 잘 성장하리라는 믿음의 근거는 있는가?"

"'자녀의 '양육권'이 우선인가? 아니면 '자녀의 안정적인 성장'이 우선인가?"

상대방에 대한 분노, 자녀에 대한 미안함, 양육에 대한 책임감은 이혼 후 많이 느끼는 감정이다. 문제는 그런 감정을 양육권 소송으로 해결하는 건 신중해야 한다는 점이다.

이혼 후 아이와 관련된 모든 분쟁은 '자녀'를 위한 일이어야 한다. 자녀만을 위한 노력이어야 한다. 전 배우자나 전 부부로서 상처받은 감정 때문에 행동하면 안 된다.

③ 양육권 소송 이전에 전문가와 양육 환경을 점검하고 전 배우자와 충분히 의논하였는가?

소송은 법적 절차를 통해 내가 원하는 것을 쟁취하는 과정이다. 소송은 '법적 전투'다. 변호사를 만나 싸움을 시작하기 전에 '심리 상담사'를 만나 양육 상담을 하는 것이 필요하다.

심리 상담사는 아동의 성장 발달과 양육 문제를 조언하는 상담 전문가다. 자녀에게 필요한 것이 무엇인지, 부모의 양육 계획이 자녀에게 필요한 것을 얼마나 충족시킬 수 있는지 검토해야 한다.

※　※　※　※

　부모들은 위와 같은 노력을 통해 서로에 대한 분쟁을 피하고 자녀의 건강한 성장을 도모할 수 있다. 소송은 상대방과 소통이 안 되고 이런 노력이 불가능해질 때 선택하는 마지막 방법이어야 한다.

전 배우자의 재혼

　박동석 씨(43세)와 최은정 씨(41세)는 2008년에 결혼한 후 지석(10세)과 세빈(7세) 두 자녀를 낳았고 2016년에 이혼했다. 동석 씨의 도박 습관과 그로 인한 경제 파탄이 이혼 사유였다. 은정 씨는 결혼 초부터 남편의 도박 습관 때문에 여러 번 위기를 겪었고 결국 이혼을 선택했다.

　이혼 후에는 1~2주에 한 번 아이들이 아빠 집을 왕래하며 잘 지냈다. 은정 씨는 2년 동안 두 아이를 키우며 한 부모 가정을 꾸리느라 바쁜 시간을 보냈다.

　어느 날 은정 씨는 아빠 집에 다녀온 지석이에게 전남편이 곧 재혼한다는 소식을 들었다. 은정 씨는 그 얘기를 듣고 밤새 마음이 불편했다. 이제 겨우 아이들이 안정을 찾기 시작했는데 전남편에게 새 배우자가 생기면 아이들이 실망할 것이 확실해 보였다. 그리고 비록 1~2주에 한 번이지만 아빠 집에 갔을 때 아이들이 새엄마를 만나는 일도 걱정됐다.

　사실 자신도 새로운 사람을 소개해준다는 지인의 제안을 아이들 생각에 미루고 있던 터였다. '이혼 전에도 그렇게 책임감 없이 행동하더니 이제는 자기 행복 찾겠다고 아이들은 안중에도 없나?' 이런 생각에 몹시 화가 났다. 은정 씨는 다음 날 동석 씨에게 전화를 걸어 아이들이 조금 더 적응할 때까지 재혼을 미루는 게 좋겠다고 말했다. 감정을 자제하려고 애썼지만, 통화 중에 언성이 조금 높아졌다.

예전에는 부부였지만 이혼 후에는 남남일 뿐이다. 이혼할 때 약속한 자녀 양육에 대한 협조 외에는 두 사람이 지켜야 할 약속은 없다. 당연히 누가 언제 재혼을 하건 간섭할 일이 아니다. 하지만 자녀가 어리면 정서적인 문제가 생길 수 있다.

아이들이 성장해서 사춘기가 지나고 이혼 후 일정 시간이 지나면 아이들도 부모의 재혼을 담담히 수용한다. 처음에는 재결합을 원했더라도 부모가 그런 의사가 없음을 알고 나면 아이들도 포기한다.

하지만 자녀가 어리다면 부모의 재혼에 대해 혼란스러움을 느낄 수 있다. 어린 자녀들은 부모에게 새 연인, 새 배우자가 생기는 것에 부담을 느낄 수 있다. 재혼을 준비하는 부모는 그런 자녀의 마음을 배려하고 조심스럽게 새로운 가정을 준비해야 한다. 부모의 재혼 소식으로 아이들이 고민하면 아이들을 키우는 양육 부모의 마음도 편할 수 없다.

어쩌면 '재혼하는 데 뭐 그렇게 신경 쓸 일이 많아? 새 가정을 꾸려 잘 사는 것만도 벅찬데.'라고 생각할지 모른다. 그런 마음이 들 수 있다. 이혼하고 다시 새로운 사람을 만나 재혼하는 일은 현실적으로나 정서적으로나 많은 에너지가 필요한 일이기 때문이다. 하지만 그래서 좀 더 차분하게 아이의 마음을 생각하며 행복한 미래를 준비하자는 것이다.

아이는 자신과 부모의 관계가 재혼 후에도 변함이 없을지를 걱정한다. 한쪽 부모는 다른 쪽 부모가 재혼 후에도 자녀 양육에 잘 협조할수 있을지를 걱정한다. 재혼을 준비하는 부모는 이런 향후 자녀 양육에 대한 걱정들을 이해하고 본인의 의지와 입장을 잘 설명해주어야 한다. 재혼 후에도 변함없이 부모의 역할에 충실할 것임을 자녀와 양육부모에게 전해주어야 한다. 재혼을 준비하는 부모는 다시 한번 다음과같은 마음을 자녀와 양육 부모에게 전해주기를 바란다.

'내가 재혼하더라도 아이를 돌보고 양육하는 것은 항상 변함없이 최선을 다할 것이다.'

'새 배우자가 있더라도 아이를 양육하는 데 필요한 의논은 친부모와진지하게 계속할 것이다.'

부모의 재혼은 이혼 후 달라진 환경에 적응하기 위해 노력하는 자녀에게 또다시 큰 영향을 준다. 자녀가 잘 성장하려면 친부모, 새 부모와모두 잘 지내야 한다.

이혼 후에도 부모의 갈등이 계속되면 재혼 후 부모와 자녀의 관계가소원해질 수 있다. 부모의 재혼이 행복한 선택이 되려면 아이들도 그것을 이해하고 변화하는 상황에 적응할 수 있어야 한다. 그러기 위해 재혼하는 부모는 자녀 및 다른 쪽 부모와 양육에 대해 소통하며 안정감을 주도록 노력해야 한다.

이혼 후 부모가 가져야 할 태도

꿈

이혼 후 자녀가 부모를 규칙적으로 만나야 하는 이유

① 자녀는 어떤 상황에서도 부모를 모두 의지하고 만나야 잘 성장할 수
　있다.

　자녀는 부모를 의지한다. 부모가 곁에 있어야 안정감을 느낀다. 그건
생명의 본능이다. 자녀는 부모와 한집에 사는 것만으로도 마음이 든든
하다. 부모와 자녀 사이에 깊은 대화가 없어도 부모의 존재감은 큰 힘
이 된다.

　이혼 후 자녀는 한쪽 부모와 생활하며 다른 부모는 거처를 옮긴다.
자녀 곁에 한쪽 부모가 있어도 다른 부모의 빈자리는 크다. 잘 적응하
려면 따로 사는 부모를 규칙적으로 만나야 한다.

② 아이들은 어떤 상황에서도 부모를 포기할 수 없다.

　이혼 후 한쪽 부모가 질병을 앓거나 우울증이 생기면 자녀를 자주
만날 수 없다. 몸이 불편한 부모는 자녀를 만나는 일을 줄이고 빨리 건
강을 회복해야 한다. 그런 일이 생기면 자녀는 부모를 많이 걱정한다.

양육 부모는 병중에 있는 부모를 걱정하는 자녀가 그 시간을 이겨나갈 수 있도록 잘 다독여주어야 한다.

사업 실패로 빚을 진 부모가 자녀를 피할 때가 있다. "나는 아이에게 별 도움이 안 돼. 내가 해줄 수 있는 게 뭐가 있겠어?" 부모가 경제적 고통을 받으면 의욕을 잃고 일시적으로 자녀를 피하는 경우가 있다.

아무리 현실이 어려워도 그러면 안 된다. 이혼 후 달라진 환경에 적응하느라 애쓰는 아이에게는 부모가 꼭 필요하다. 아이는 부모가 힘을 내도록 응원하고 돕고 싶어 한다. 아이는 힘든 가운데 노력 중인 부모를 더 그리워한다. 자녀의 마음이 그런 것은 당연한 일이다.

아이들은 어떤 상황에서도 부모를 포기하지 않는다. 부모는 자신이 건강을 잃거나 경제적인 문제로 어려움을 겪더라도 아이를 떠날 생각을 하면 안 된다.

③ 재혼한 가정의 아이는 새엄마와 친엄마 모두의 사랑이 필요하다.

이혼 후 얼마간의 시간이 지나면 부모가 새 연인을 만나거나 재혼을 한다. 우리나라의 경우 과거 재혼한 가정에서 자녀와 친부모의 왕래를 끊는 일이 많았다. 아이가 새엄마와 친엄마 사이에서 눈치 보는 일을 피하자는 이유였다. 겉으로는 아이가 새엄마에게 빨리 적응하고 친해지도록 돕기 위함이라 했지만 그건 핑계다. 사실은 부모나 집안 어른들 간의 나쁜 감정이 이혼 후까지 이어졌기 때문이다. 솔직히 이혼한 상대방이 자녀를 만나는 게 싫어서 그랬던 경우가 많았다.

친부모와 자녀를 못 만나게 하는 일은 자녀와 자녀를 못 보는 부모 모두에게 큰 고통을 준다. 옛날 어른들은 아이가 새엄마에 적응하면 별문제가 없으리라 생각했다. 아이는 기억을 잘 못 하니 친엄마를 곧 잊고 새엄마와 잘 지내리라 생각했던 것이었다.

그건 자녀의 마음을 모르는 어른들의 생각이다. 자녀에게는 친엄마와의 정기적인 만남이 꼭 필요하다. 이혼 후 엄마와의 안정된 관계는 새엄마와 잘 지내는 데도 도움이 된다.

만약 친엄마와 새엄마 간에 갈등이 있다면 자녀는 그 사이에서 눈치를 보게 된다. 어른들이 아이를 가운데 두고 경쟁하거나 서로 미워하는 건 자녀를 괴롭히는 일이다.

새엄마와 친엄마는 아이에게 두 엄마가 모두 필요한 것을 이해해야 한다. 혹 자녀 양육에 대한 의견이 다르더라도 서로의 생각을 존중해야 한다. 친엄마는 새엄마를 인정하고 자녀의 양육을 후원하고, 새엄마는 자녀를 자주 못 보고 그리워하는 친엄마의 마음을 헤아려야 한다. 재혼 가정의 아이는 새엄마와 친엄마 모두의 사랑이 필요하다.

이혼 후에도 양육은 공동으로

① 양육 부모는 비양육 부모가 자녀와 의미 있는 시간을 갖도록 도와주어야 한다.

부모가 이혼하면 아이는 양육 부모와 생활하고 1~2주에 한 번 비양육 부모를 만난다. 따로 사는 비양육 부모는 아이의 평소 모습을 모른다. 이혼 후 부모가 자녀에 대해 모르는 부분이 많아지면 아이에게 미안한 마음이 든다. 따로 사는 부모는 이혼 후 더욱 자녀에게 관심과 사랑의 마음을 표현하고 싶어 한다.

부모가 자녀와 마음이 통하는 대화를 하려면 자녀에 대해 알아야 한다. 교우 관계, 운동모임, 즐겨 하는 게임은 아이의 중요한 일상이다. 또 아이가 학교에서 상 받은 일과 선생님께 칭찬받은 일은 아이에겐 누군가에게 실컷 자랑하고 싶은 일이다. 양육 부모는 비양육 부모에게 그런 사실을 전해주어야 한다. 아이와 만날 때마다 놀이공원 같은 곳엘 가며 이벤트만으로 1년을 보낼 수는 없다.

② 비양육 부모는 자녀와 뜻깊은 시간을 보내도록 마음의 준비를 해야 한다.

비양육 부모는 자녀와 만나는 시간이 의미 없이 낭비되지 않도록 노력해야 한다. 2주에 한 번꼴로 만나는데 아빠는 TV를 보고 아이는 게임을 한다면 정말 시간 낭비다. 부모와 자녀는 마음을 열고 소통하는 시간이 필요하다. 매일 보던 부모와 자녀가 이혼 후 2주에 한 번 만나는 건 무척 소중한 시간이다. 그 귀한 시간을 무료하게 보내면 안 된다. 비양육 부모는 아이와 만나는 시간을 좋은 콘텐츠로 채우기 위해 아이디어를 내보자.

요즘은 주말농장을 찾는 사람들이 많다. 부모와 아이가 가까운 텃밭을 찾아 씨를 뿌리고 키워보는 것도 좋은 경험일 수 있다. 아빠와 자녀가 같이 나무를 심어도 좋다. 옥수수와 깻잎을 키워서 할머니에게 가져다드리는 것도 좋은 생각이다. 아빠와 아이가 도움이 필요한 노인분들을 위해 배식 봉사를 하는 것도 좋다. 그런 경험을 통해 작은 것을 나누는 기쁨을 느낄 수 있다. 유기견 센터를 찾아가 정기적으로 개를 돌보는 일도 좋은 추억이 될 것이다. 아빠와 자녀가 작은 사랑의 실천을 연습하는 것은 서로 마음을 열고 대화하는 데 유익하다.

양육 부모가 아빠일 경우 자녀가 엄마와 편히 만나도록 도와야 한다. 사춘기 자녀는 자신의 신체적, 정서적 변화에 대한 엄마의 조언이 필요하다. 부모가 따로 살지만 아이는 아빠, 엄마 모두에게 고민을 얘기하고 조언을 구할 수 있어야 한다. 부모는 서로를 존중하며 서로가 원만히 자녀와 소통할 수 있도록 도와야 한다.

③ 엄마는 기분을 전환하고 여유를 즐기며 살아야 한다.

주말 저녁에 아빠 집에서 돌아온 아이가 뭘 했는지 지치고 산만해 보인다. 못한 숙제도 하고 학교 갈 준비를 하면 좋으련만 씻지도 않고 거실에서 게임부터 한다. 잔소리하며 힘들게 잡아놓은 생활 습관이 주말 동안 항상 흐트러진다. 속상하다. 매번 원점으로 돌아가는 느낌이다. 엄마는 주말에 할 일이 많다. 평일에 피곤해서 대충 쌓아놓은 빨래며 분리수거도 해야 하고 집안 곳곳 청소도 해야 한다. 전업주부로 살다 사회생활을 시작한 엄마는 생활하며 챙길 일이 많다. 매주 똑같은 일상이 지루하다.

이혼 후 가장 먼저 챙길 일은 내 마음의 평화와 즐거움이다. 아이를 양육하는 엄마가 우울한 감정을 느끼면 아이와 주변 지인들까지 우울해진다. 엄마의 마음이 밝고 편하면 아이도 주변 사람들도 행복할 수 있다. 엄마는 자신의 기분을 좋게 하고 새 힘을 얻을 방법을 찾아야 한다.

아이가 아빠를 만나러 가는 시간을 불안하게 생각하지 말자. 엄마가 주말 동안 자녀와 떨어져서 불안해하면 아이도 불안해한다. 오히려 엄마는 그때가 자신이 쉴 수 있는 짧은 휴가라 생각해야 한다.

생각해보면 그 시간에 할 수 있는 즐겁고 유익한 일이 많다. 평소 너무 바빠 피곤이 쌓였다면 늦잠을 즐기는 것도 좋다. 집안일을 완벽히 하려면 끝이 없다. 아무리 잘해도 누가 상을 주는 것도 아니니 빨리 마무리하고 자신의 시간을 갖는 게 현명하다. 가까운 지인들과 운동을 하거나 근사한 장소에서 식사를 하고 차 한잔 마시는 것도 좋다. 보고 싶었던 책을 들고 커피가 맛있는 카페를 찾아 시간을 보내며 삶에 여유를 찾자. 내 마음의 행복창고는 이미 오래전 재고가 바닥났을지 모른다. 엄마의 삶에는 즐거움과 휴식, 칭찬과 반가움이 필요하다.

④ 엄마는 자신감과 긍정적인 시선을 갖도록 노력해야 한다.

자녀를 키우다 보면 예상치 못한 일을 겪게 마련이다. 아이가 학교에서 문제를 일으키거나 학교생활에 적응하기 힘들어할 때가 있다. 부모로서 이런 상황을 겪으면 우울해지기 쉽다. '이혼을 안 했더라면 이런 일이 없었을 텐데!' '내가 좀 더 참았어야 했어.'라며 이혼을 후회하고 자책하기도 한다.

하지만 그렇게 심각하게 생각하지 말자. 이혼하지 않은 가정에서도 아이들은 종종 학교생활에 적응하지 못하고 방황한다. 아이들은 그러면서 큰다. 자녀들이 단지 부모의 이혼 때문에 모든 어려움을 겪는 건 아니다. 자녀가 어려움을 겪을 때마다 이혼을 모든 문제의 원인으로 생각하는 것은 바람직하지 않다. 주변에서 누가 "이혼하고 나서 애가 적응을 잘 못 하는 거 아냐?"라고 별 도움이 안 되는 말을 해도 신경 쓸 것 없다. 부모가 자신감과 긍정적인 시선으로 자녀를 바라보면 아이도 그 영향을 받아 잘 적응할 수 있다.

자녀에게 진짜 무슨 문제가 생겼다 해도 걱정할 것 없다. 부모가 아이와 깊은 대화를 하며 잘 챙겨주면 다시 새 힘을 얻고 잘 적응할 수 있다.

이혼은 고민 끝에 내린 최선의 결정이었다. 지나온 시절에 배우고 느낀 점은 앞으로의 삶에 도움이 될 것이다. 심사숙고해 내린 결정을 후회하는 것은 자신감을 약하게 만들 뿐이다. 이혼 후 자녀와 소통하는 엄마는 자신감과 긍정적인 시선을 가져야 한다.

이혼 그 후

다시 시작하는 인생

이혼 후 긍정적으로 바뀐 것들

이혼한 사람들의 고백

사례 1

지나간 결혼 생활을 생각하면 마음이 무겁다. 좋았던 부부 사이가 어느 날부터 조금씩 멀어지기 시작하며 다툼이 빈번해졌다. 처음에는 아이들을 위해 참고 버티는 것이 부모의 의무라 생각했다. 그러다 보면 좋아지지 않을까 기대했다.

하지만 시간이 가며 그런 기대는 사라졌다. 나와 남편은 점점 더 예민해졌고 아이들에게 짜증을 내는 날이 많았다. 어느 날 아이가 "엄마 제가 그렇게 크게 잘못한 거예요? 엄마가 화를 내지 않아도 난 다시 잘할 수 있는데 왜 그렇게 자주 화를 내세요?"라고 물었다. 잘못한 것이 없는 아이에게 이유 없이 언성을 높인 나를 아이는 이해할 수 없었던 것이다.

그날 소리를 지른 표면적인 이유는 아이가 꼼꼼하지 못해서였다. 학원비를 내라는 문자를 미리 봐놓고 왜 이야기하지 않았냐고 아이에게 화를 냈다. 사실 그렇게 소리 지르고 화낼 일이 아니었다. 아이의 질문에 난 아무 말도 하지 못했다. 뭐라 할 말이 없었다. 그날 난 밤새 울었다. 아이에게 너무 미안했고 오랜 시간 그렇게 화를 낸 나를 용서할 수 없었다.

그날 아이의 말을 들으며 그간 내가 얼마나 피폐해졌는지 알게 되었다. 그대로 가다간 더 괴팍해져서 아이에게 정말 큰 상처를 줄 것 같았다.

며칠 후, 난 이혼을 결심했다. 아이에게 더는 싸우는 모습을 보이기 싫었다. 남편도 아이에게는 부모인데 그에 대한 미움이 걷잡을 수 없이 커지는 것이 두려웠다. 이제 더는 같이 살면 안 되겠다고 생각했다. 아이에게 죄책감과 미안한 마음이 컸지만 더는 버틸 수가 없었다.

이혼 후 4년이 지났다. 그간 적응하느라 바쁜 시간을 보냈다. 아이도 처음에는 힘들어했지만 이제 학교생활에 적응하고 안정을 찾았다. 처음에는 두려웠다. 내가 혼자 양육과 살림을 하며 한부모 가정을 잘 꾸릴 수 있을지 걱정이 많았다. 너무 힘든 날은 이혼을 후회하기도 했다. 그때마다 마음을 달래며 열심히 일했다. 이제 그렇게 끔찍하던 결혼 생활은 지나간 얘기가 되었다.

2년 전까지는 전남편에 대한 감정에 휘둘리는 날이 많았다. 옛날 일이 생각나서 분을 가라앉히며 혼자 와인을 마시는 날이 많았다. 그땐 감정 기복이 심했다. 하지만 이제는 편하다.

잘못된 선택, 시행착오 그런 것은 누구의 삶에나 있을 수 있는 일이다. 지나간 일은 지금의 나에게 아무 의미가 없다. 그저 오늘 하루를 행복하고 만족하게 사는 것에 집중할 뿐이다.

요즘은 운동하는 시간이 좋다. 몸무게도 많이 줄었다. 결혼 전에 입었던 청바지를 조만간 다시 입을 수 있을 것 같다. 이혼하지 않았다면 아마 체중이 더 불어서 자신감을 회복하기 어려웠을 것이다. 내년 여름에는 아이들과 유럽 여행을 가려고 한다. 이혼한 지 5년 만에 가는 첫 여행이다.

이혼을 결심하기까지 6년을 고민했고 이혼 후 4년이 지났다. 처음에 갈등이 시작되고 나서 이혼하고 이혼에 적응하기까지 10년이 걸린 셈이다. 생각해보면 지루하고 아까운 시간이었다. 어차피 할 걸 좀 더 적극적으로 고민하고 빨리 결정했으면 하는 아쉬움이 남는다.

나는 지금이 좋다. 현재 내 생활이 편하고 좋다. 다툼 없는 조용한 가정이 평화롭고 좋다.

김은정 (41세, 직장인, 두 남매의 엄마)

사례 2

나는 20대에 자신만만했다. 내 노력만 있으면 얼마든지 행복한 가정을 꾸릴 수 있다고 믿었다. 아내에게 우울증이 있었지만 심하지 않았다. 나는 진실한 사랑으로 무엇이든 충분히 극복할 수 있다고 생각했다.

결혼 후 아내와 고향으로 친척 어르신들을 뵈러 갔다. 친척 어르신들은 우리 부부를 스스럼없이 대해주셨다. 하지만 예민했던 아내는 집안 어른들을 싫어했다. 나는 아내가 왜 그렇게 그분들을 싫어했는지 아직도 이해가 되지 않는다. 그날 이후 아내는 감정 기복이 심해졌고 직장에 다니기 어려워했다.

나는 가능한 한 어른들과 함께하는 자리를 만들지 않고 아내를 안정시키려고 노력했다. 그 후 아내는 회사를 나갔다 그만두기를 반복하며 정신과 치료를 받기 시작했다. 결혼 전에 완치됐다고 생각한 정신 질환이 사실 더 심해지고 있었던 모양이다.

아내는 어느 날 나와 사는 게 힘들다며 별거를 제안했다. 나는 아내의 제안을 받아들이며 다시 부부관계를 회복할 수 있을지 걱정했다. 별거 두 달 후 아내는 이혼을 통보했다. 의논이 아니라 통보였다. 그 얘기를 듣고 난 이상하게도 실망하거나 놀라지 않았다. 차분히 받아들일 수 있었다. 그냥 알겠다고 짧게 대답했다. 결혼 후 4년간 고민하며 내심 실망하고 지쳐 있었던 것 같다.

이혼 후 4년이 지났다. 처음엔 적응하기 힘들었지만 한 여성을 만나며 생활이 달라졌다. 그녀는 헬스 트레이너다. 내가 다니는 자전거 동호회 친구의 소개로 만났다. 요즘 나는 그녀 덕분에 거의 매일 저녁이면 운동하러 체육관에 간다. 덕분에 군대 시절에나 가능했던 식스팩이 조금씩 드러나기 시작했다. 생활이 즐겁다. 유쾌하고 밝은 성격의 여자친구는 삶을 긍정적으로 바라본다.

전 배우자 생각을 하면 안타깝다. 본인도 건강이 안 좋다 보니 모든 일에 소극적이고 부정적인 사람이 될 수밖에 없었다고 생각한다. 어쨌든 다 지나간 일이다. 이제 30대 중반인 나에게 한 번의 실패는 흠이 아니다. 여자친구의 부모님도 나를 좋아하신다.

이혼에 대한 후회는 없다. 이제 나는 내 삶을 찾아가고 있다. 사랑으로 무엇이건 극복할 수 있다는 내 믿음이 잘못된 건 아니었다. 다만 둘이 하는 결혼 생활은 내 노력만으로 행복할 수 있는 게 아니라는 것을 몰랐던 것이었다.

솔직히 이혼 후 재혼에 대한 자신감이 없었다. 누구를 만나 다시 시작한다 해도 잘되기는 어려울 것 같은 두려움이 있었다. 하지만 지금의 여자친구를 만나며 그런 마음이 사라졌다. 요즘은 나도 행복할 수 있다는 확신이 든다. 아직 여자친구에게 얘기를 못 했지만, 내년 가을쯤 그녀와 결혼할 생각을 하고 있다.

김태현 (35세 직장인, 이혼 후 4년 된 남성)

성년이 된 이혼 가정 자녀들의 고백

사례 1

부모님이 좀 더 일찍 이혼하셨다면 우리 남매가 매일 반복되는 말다툼에서 빨리 벗어날 수 있었을 텐데! 그랬다면 내 성격이 좀 더 밝아졌을 것 같다. 어린 시절 부모님의 잦은 싸움을 보는 것은 너무 힘든 일이었다.

내 동생은 부모님이 서로 소리치며 싸우는 모습을 보고 말이 없는 성격이 됐다. 동생은 가족이나 친구들에게 자기 생각을 거의 표현하지 않는다. 우리 형제가 부모님의 싸움에서 일찍 자유로워질 수 있었다면 나도 동생도 조금은 밝은 성격이 되었을 것 같다.

나는 학교에서 돌아와 아빠와 얘기하고 싶을 때가 많았다. 아빠에게 학교생활과 친구들 얘기를 하고 아빠 얘기를 듣고 싶었다. 하지만 엄마와 아빠는 싸우는 날이 많았고 나는 싸움이 끝나기를 기다리다 잠들곤 했다.

엄마, 아빠가 싸우는 이유는 돈 얘기와 내가 모르는 사소한 문제들 때문이었다. 부모님이 그렇게 심하게 싸우지 않았다면 아빠와 대화를 많이 할 수 있었을 텐데 아쉽다. 부모님의 이혼으로 이제 더는 부모님들의 싸움을 지켜보지 않게 돼서 다행스럽다.

김지호 (27세, 취업준비생)

사례 2

어렸을 때 부모님이 이혼하신다는 얘기를 들었던 날을 기억한다. 슬퍼서 많이 울었다. 그때 일을 생각하면 지금도 마음이 먹먹하다. 지금까지 살아오면서 그때 겪은 일이 가장 힘들었던 것 같다. 앞으로 살면서 겪게 될 더 힘든 일이라면 부모님이 돌아가실 때 정도일 것이다.

어린 시절 부모님이 이혼하신 후 방황했던 시간이 많았다. 내 삶이 버려진 듯한 느낌이 들었고 마음이 괴로웠다. 하지만 나는 조금씩 슬픔을 극복했다. 난 다른 친구들보다 철이 빨리 들었다. 학교에 부모님이 찾아오시기 어렵다는 걸 알고 난 후 나는 더 열심히 학교생활을 했다. 나는 뭐든지 혼자 힘으로 해결하는 방법을 배우려고 노력했다. 그래야만 했다. 이혼 후 엄마는 돈을 버느라 바쁘셨고 우리 남매는 학교와 동네에서 둘만의 힘으로 살아남아야 했다.

이제 30대 중반이 되고 보니 난 부모님의 이혼에서 배운 게 많다는 생각이 든다. 초등학교 3학년 때 부모님이 이혼하시기 전까지 난 부모님을 걱정한 적이 없었다. 하지만 이혼 후부터 나는 아이들을 혼자 키우느라 애쓰시는 엄마를 걱정하기 시작했다. 남매를 키우느라 애쓰시는 엄마에게 조금이라도 힘이 되는 소식을 전해드리고 싶었다.

가끔 보는 아빠에게도 우리 남매가 학교생활을 잘하고 있다는 소식을 전해드리고 싶었다. 주변에 철없이 반항하고 제멋대로인 친구들이 많았지만 난 그러고 싶지 않았다. 솔직히 그러고 싶어도 그럴 수 없었기 때문에 더 어른스러워지려고 노력했어야만 했다.

지금 생각해보면 그런 상황 때문에 우리 남매가 학교생활에 더 집중했던 것 같다. 나는 20대에도 학교를 졸업하고 빨리 취업해서 엄마를 도와드려야 한다는 생각을 했다. 친구들이 모두 술 마시고 어울릴 때도 그러고 싶지 않았다. 친구들은 종종 나에게 너무 경직되어 있다고 좀 여유 있게 지내라고 조언했다. 나는 친구들과 술 마시고 농담하며 노는 자리가 소모적이라고 생각했다.

난 좀 더 빨리 안정을 찾고 싶었다. 어린 시절 심하게 다투시는 부모님을 보며 결혼에 대해 부정적인 마음이 많았다. 그런 마음 때문에 이성을 좋아하면서도 편하게 친해질 수가 없었다. 친해지면 갈등이 생길 것 같아서 조금 다가가다 멈추어 서기를 반복했다.

'나는 여자친구를 만나기 어려운 걸까?' 그런 생각을 하던 중 대학 4학년 때 지금의 여자친구를 만났다. 그 친구는 나처럼 부모의 이혼을 경험한 적이 없었지만 내 고민과 살아온 과정을 잘 이해해줬다.

그 친구와 2년간 교제한 후 결혼했고 나는 가장 잘한 일이 결혼이라고 생각한다. 나는 지금 행복하다. 나는 나이에 비해 집도 빨리 사고 자리도 빨리 잡은 편이다. 내가 만약 부모님의 이혼으로 일찍 철이 들지 않았다면 시간 낭비를 많이 했을 것 같다.

박철우 (36세, 직장인, 7세 딸아이의 아빠)

※　　※　　※　　※

자녀들은 부모의 갈등을 보며 깊은 상실감을 느낀다. 이혼 전후에는 밝은 성격이 다소 어두워지거나 소극적인 성격이 되기도 한다. 하지만 성인이 된 자녀들의 모습은 긍정적이고 건강한 모습일 때가 많다. 그런 자녀들은 심리적인 불안을 극복하려고 더 열심히 노력했다고 고백한다.

이혼을 고민하는 부부는 이혼이 자녀에게 부정적인 영향을 끼치지 않을까 두려워한다. 지극히 당연한 걱정이다. 분명 자녀는 부모의 이혼을 겪으며 아픔과 불안을 느낀다. 하지만 자녀들은 그 감정에 머물지 않고 극복하려고 애쓴다.

이혼한 가정의 자녀 중에는 일찍 철이 들어서 현명한 삶을 사는 경우가 많다. 따라서 부모가 심한 갈등을 겪는다면 이혼을 피하는 것만이 최선은 아니다. 이혼 후 분쟁을 그치고 평온을 찾는 것이 심한 갈등속에서 결혼 생활을 유지하는 것보다 자녀에게 덜 피해를 주는 선택일수 있다.

이혼을 고민 중인 부모라면 이혼 자체가 자녀의 불행한 삶을 예정하는 것이 아니라는 것을 알아야 한다. 부모와 자녀가 상처를 극복하기위해 어떤 노력을 하느냐에 따라 자녀의 삶이 달라진다.

이혼 후 여유롭고 강해지는 법

꿈

주변의 반응에는 무덤덤하게, 나 자신에게는 관대하게

이혼 소식을 전하는 사람은 "그간 마음고생 많았어, 다 잘될 거야!"라며 지인들이 편하게 대해주기를 바란다. 이혼 직후에는 '삶의 정답'에 대한 얘기보다 '편안한 덕담'이 듣기 좋다. 하지만 지인들은 자신의 얘기를 듣고 놀라거나 복잡한 질문을 하기도 한다.

그간 무슨 일이 있었는지 모르는 사람들이 이혼 소식을 듣고 걱정하는 것은 당연하다. 주변 지인들은 내가 행복하기를 바란다. 나에게 관심이 없었다면 별로 신경 쓰지 않았을 것이다. 그러므로 그들의 반응을 너무 부담스러워하거나 예민하게 받아들이지 말아야 한다. 지인들의 반응을 나에 대한 부정적인 감정이나 믿음의 결여로 생각해서도 안 된다.

나도 가까운 지인의 이혼 소식을 접하면 그들처럼 마음 아파하고 걱정하지 않겠는가? 주변 사람들의 불안한 시선은 어려운 일을 겪는 나에 대한 애정과 안타까운 마음의 표현이다.

주변의 반응이나 시선은 이혼 후에 신경 쓰고 고민할 내용이 아니다. 지금은 자신의 결정에 대해 확신과 용기를 갖는 것이 중요하다. '왜 좀 더 참지 못했을까? 왜 잘 살지 못했을까? 내 성격이 문제가 있었나?' 그렇게 스스로를 흔들고 자신에 대해 냉정하게 분석하는 것은 도움이 안 된다.

사람은 누구나 기대했던 계획이 틀어지면 실망하거나 일시적으로 자신감을 잃을 수 있다. 그러나 지금은 까칠한 자기분석보다 감정을 추스르고 마음의 안정을 찾는 일이 중요하다.

이혼 후에는 스스로에게 더욱 관용을 베풀어야 한다. '어쩔 수 없었잖아. 그간 마음고생 많았어.' '그 정도로 고민하고 참았으면 이제 됐어!' '아이를 위해서라도 힘을 내야지.' 이렇게 자신을 다독이고 용기를 주어야 한다.

혹시 누가 내 이혼 결정을 삐딱하게 비난하더라도 신경 쓸 필요 없다. 그들이 숱한 밤을 괴로워한 내 심정을 어찌 알겠는가? 나는 앞으로의 인생을 위해 최선의 결정을 한 것이다.

그리고 혹시 주변 사람들이 질문하더라도 구체적인 답을 하지 않아도 된다. 여유가 될 때 얘기하자고 말하거나, 그 얘기는 별로 하고 싶지 않다고 편하게 대답하면 된다.

이혼 과정을 겪는 것은 많은 에너지를 소진하는 일이다. 지금 필요한 것은 '내가 나를 너그럽게 바라보기'와 편안한 휴식이다.

삶과 행복에 대한 편견을 버리고 이혼을 긍정적으로 바라보자

결혼한 여성이라면 누구에게나 아름다운 웨딩드레스를 입었던 추억이 있다. 화려한 조명 아래 하객들의 축하 인사를 받았던 행복한 결혼식이 기억날 것이다. 그날의 마음과 분위기가 평생 이어지면 좋겠지만, 삶은 계획대로만 살아지지 않는다.

세상 부족한 것 없어 보이는 사람도 그만의 고민이 있다. 세간의 부러움을 샀던 다이애나 왕세자비가 불행한 결혼 생활을 했다는 건 아이러니한 얘기로 들릴지 모른다. 화려한 할리우드 커플들이 고통스러웠던 결혼 생활을 고백하며 이혼하는 모습은 여러 생각을 하게 한다.

우리는 행복한 미래를 기대하고 인생의 중요한 결정을 하지만 결과가 항상 좋은 것은 아니다. 결혼이 그렇고 삶이 그렇다. 예상하지 못한 일을 경험하고 원치 않는 결론을 마주할 때가 많다.

오랜 시간 가난했던 부부는 돈을 많이 벌면 더 행복해지리라 기대한다. 삶을 고달프게 했던 가난만 극복하면 서로를 더 많이 배려해주리라 결심한다. 하지만 가난했던 부부가 재산을 모은 후 헤어지는 경우는 비일비재하다. 헤어지지는 않더라도 어려웠던 시절만큼 서로를 아껴주지 못하고 우울하게 사는 경우가 많다.

뭐가 문제일까? 힘든 세월을 이겨내고 경제적인 여유가 생겼는데 왜 사이가 나빠지는 걸까?

이혼율 세계 1위부터 10위까지의 국가들은 모두 부유한 나라들이다. 국가별 행복지수 세계 1위는 가난한 나라 에티오피아다. 힘들고 없

이 살 때는 서로 의지하고 고마워하다가 돈이 많아지면 오히려 불행해지는 일이 많다. 이유가 뭘까?

우리가 생각하는 행복과 불행의 조건이 잘못된 건 아닐까? 우리가 바라는 행복은 모든 일이 원만히 잘되고 성공하는 것이다. 일반적인 기준으로 입학시험에 떨어지거나 취업에 실패하는 건 행복한 삶이 아니다. 시험에 한 번에 붙고 사업에 성공해야 행복한 삶이다.

행복한 부모가 되려면 자녀가 사춘기를 아무 일 없이 보내야 한다. 자녀는 방황하지 않고 원만하게 성장해야 하고 성적도 계속 올라야 한다. 성인이 된 후에도 사회생활에 성공해야 한다. 결혼도 혼기에 맞춰 좋은 배우자와 해야 한다. 혹 부부간에 갈등이 있더라도 서로 사랑하며 일평생 잘 살아야 행복한 삶이다. 몸이 아프면 행복할 수 없다. 평생 병원에 가는 일 없이 완벽히 건강해야 한다.

우리는 그렇게 살길 바란다. 그렇게 좋은 소식이 줄줄이 이어지는 것을 행복이라 믿는다. 수능 시험날 자녀를 위해 기도하는 모든 어머니는 자녀의 '합격'이 곧 신의 축복이고 행복이다. 우리는 모든 일이 잘되는 것만을 행복이라 생각한다. 그런 삶이 가능할까? 그렇게 모든 일이 잘되고 성공하면 정말 행복할 수 있을까? 오히려 줄줄이 이어지는 좋은 소식에 중독되어 그에 대한 감사함을 못 느끼고 우울해지는 건 아닐까?

6.25 전쟁 중에 한 청년은 여러 날을 굶주린 후 감자 반쪽을 먹으며 깊은 감사의 눈물을 흘렸다. 그 청년은 감자 반쪽을 손에 들고 평생 기억에 남는 진한 행복을 느꼈다. 행복은 무엇이 잘되어서가 아니라 그럼

에도 불구하고 감사할 수 있을 때 마음속 깊이 찾아온다. 그런 행복감이 진정한 행복이며 삶을 견고하게 하는 강한 행복 체험이다.

모든 일이 잘되다가 한 가지만 어긋나도 불안해하고 불행을 느낀다면 문제가 있다. 그런 사람은 사실 깊은 행복을 느끼며 사는 사람이 아니다. 현실이 원만하지 못하더라도 감사함과 평정심을 간직할 수 있는 사람이 진정 행복한 사람이다.

이혼 후에는 삶과 행복에 대한 편견을 버리고 이혼을 긍정적으로 바라봐야 한다. 이혼에 대한 평가를 결혼이 실패한 결과라고 생각하면 안 된다. 그건 결혼에 대한 평가를 이혼에 대한 평가로 오해하는 것이다. 이혼에 대한 평가는 적어도 10년, 20년, 30년 후에 말할 수 있다. 그 선택이 좋은 선택이었는지 아니었는지는 그 세월 동안 내가 삶을 어떻게 살아가느냐에 달려 있다. 부모가 건전한 행복관을 가지고 자신의 삶에 충실하면 자녀도 그것을 닮는다.

사람은 크고 작은 고통을 경험하며 산다. 어떤 사람은 부모를 일찍 잃고 어떤 사람은 질병으로 고통받는다. 또 어떤 사람은 실직과 파산을 경험하고 어떤 사람은 후천적 장애를 안고 살아간다.

이혼 직후에는 마치 삶을 잃어버린 듯한 상실감을 느낄 수 있다. 하지만 그 고통은 지나간다. 얼마 지나지 않아 적응하고 극복한다. 괴로웠던 기억 때문에 다시는 연애를 하지 않겠다고 결심한 사람도 시간이 흐르면 새로운 연인을 찾는다.

사람은 힘든 난관에 부딪혀 처음에는 휘청거리더라도 결국 그것을 극복해낸다. 사람은 어려운 일을 겪으며 배우고 성장한다.

조개는 자신의 몸속에 들어온 이물질이 고통스러워서 그것을 녹여 없애기 위해 소화액을 분비한다. 그 소화액이 자신을 아프게 한 이물질을 둥글게 감싸고 커지면 진주가 된다. 조개를 아프게 한 이물질이 없으면 영롱한 진주도 없다.

우리는 가능한 한 고통스러운 삶을 피하려고 노력하지만 돌이켜보면 고통이 나쁜 것만은 아니다. 우리는 고통을 통해 중요한 것을 배울 때가 많다. 이혼은 아픈 경험이지만 이 과정을 통해 관계를 배우고 삶의 깊이를 더할 수 있다.

어려운 시기를 극복하면 반드시 좋은 기회가 온다

사람은 결혼하기 위해 태어난 것이 아니다. 결혼에 실패한 것은 삶의 일부가 잘 안 되었을 뿐이다. 삶의 전부를 실패한 것이 아니다.

이혼 직후에는 삶을 전체적으로 바라보고 이혼을 그 일부로 이해하는 넓은 시야를 가져야 한다. 이혼 때문에 삶 전체를 부정적으로 생각해선 안 된다. 그것은 마치 열 과목이 넘는 시험을 보는데 한 과목을 망쳤다고 전체 시험을 포기하는 것과 같다. 사람이 일생을 살면서 중요한 것이 어디 결혼 하나뿐이겠는가? 삶에는 결혼 말고도 중요한 것들이 얼마든지 있다.

사회생활에서 성공하는 일은 결혼 못지않게 인생에서 중요하다. 꾸준한 노력으로 무언가를 성취하는 일은 삶의 의미를 더하고 자존감을 높인다. 좋은 지인들과 진솔한 만남을 갖는 일, 자신을 멋지게 관리하고 여행을 즐기는 일도 삶의 소중한 기회들이다. 어려운 이웃을 도우며 감동하고 삶에 대한 감사함을 배우는 것도 귀한 경험이다.

사람은 자신의 미래를 모른다. 사람은 인생을 끝까지 살아보지 않았으므로 앞으로 어떤 일이 있을지 알 수 없다. 그러니 결혼에 실패했다 해서 모든 것이 끝이라고 생각하면 안 된다. 이혼은 내 인생 전체의 일부분일 뿐이다. 누군가 아주 중요한 말을 했다.

"끝날 때까지는 끝난 게 아니다!"

삶이 아무리 힘들어도 그 시간은 지나간다. 그리고 반드시 새로운 시절이 찾아온다. 우리가 경험하는 모든 일은 언제나 마지막이 아니며 그다음이 있다. 사람이 극단적인 선택을 하는 이유는 현재의 고통이 영원할 것이라 착각하기 때문이다. 내 앞에 생길 다른 기회들을 보지 못하고 지금 벌어진 일만 생각하기 때문이다.

그런 사람은 삶의 다른 시간을 의미 없다고 속단하고 모든 기회를 포기한다. 삶에 다가오는 좋은 일과 힘든 일은 모두 잠시 왔다 지나가는 손님들이다. 지금 마주한 현실이 내 뜻대로 안 되더라도 다음 기회가 있으니 실망하면 안 된다.

삶은 한 번 상영하고 끝나는 단막극이 아니다. 삶은 태어난 후 죽을 때까지 끊임없이 이어지는 대하드라마다. 어떤 드라마건 몇 번의 반전이 있다. 삶도 그렇다. 지금은 어렵더라도 반전의 시기가 온다. 컴컴한 먹구름이 영원할 듯 보이지만 얼마 후 파란 하늘과 햇볕 가득한 날씨로 변한다.

어려운 과정이 있더라도 충실하게 하루하루를 사는 사람은 자신의 자리와 평화를 찾는 시기가 반드시 온다. 힘든 시간은 영원하지 않다. 인내 후에는 행복이 온다.

자존감은 무엇이며 왜 자존감을 높여야 하는가?

자존감은 스스로 품위를 지키고 자신을 존중하는 마음이다. 자존감이 높은 사람은 자신의 모습을 있는 그대로 긍정적으로 받아들인다. 얼마 전 50만 달러를 소유한 베벌리힐스의 부자가 부족한 재산을 비관하다 자살했다는 뉴스가 있었다. 충분히 여유 있는 생활이었지만 그는 남과 자신을 비교하다 생을 마감하고 말았다. 그가 생각한 행복은 남과 비교한 재산의 크기에 달려 있었다.

행복은 내 모습과 여건을 있는 그대로 받아들일 때 느끼는 감정이다. 다른 사람과의 비교는 내 삶의 가치를 못 보게 하고 마음을 병들게 한다. 행복을 원하는 사람은 자존감을 높여야 한다.

이혼 직후에는 무덤덤한 사람도 다소 예민해진다. 주변 사람들이 자신의 이혼에 대해 부정적으로 생각하지 않을지 은근히 신경 쓰게 된다. 하지만 주변의 시선이 좋고 나쁜들 무슨 의미가 있겠는가? 대충 타인의 겉모습만 보고 하는 말들은 우리 주변에 차고 넘친다. 중요한 것은 자신의 결정에 대해 확신을 하느냐이다. 오랜 시간 고민하고 내린 결정이 최선을 다한 것이라면 그것으로 충분하다. 어차피 사람은 타인을 다 이해할 수 없고 깊이 관심도 없다.

내 인생을 다른 사람에게 이해시키고자 신경 쓰고 에너지를 소비할 필요가 없다. 다만, 나를 많이 걱정하시는 부모님, 나를 아끼고 사랑하는 친구들은 예외다. 그들의 관심과 사랑으로 지금껏 살아왔기에 마음 아파하는 그분들만큼은 챙기고 마음을 나눠야 한다. 그분들 외에는 뭐라 말하건 깊이 신경 쓸 것 없다.

이혼을 결정한 사람들은 이혼하는 과정에서 마음이 지치고 의욕을 잃기 쉽다. 자존감이 약해지기 쉽다. 사람이 오랜 시간 상대방을 깎아내리는 부정적인 말과 상처가 되는 비판을 들으면 정서가 메마른다. 어느 날부터 얼굴에 웃음이 사라지고 온종일 무표정하게 지낼 때가 많다. 우울한 감정이 일상을 지배하면 삶을 긍정적으로 바라보기 어렵다. 미래 역시 지금처럼 힘들 것 같은 불안을 느끼게 된다.

그런 감정과 생각의 고리는 과감히 끊어내야 한다. 마음속에 깃든 어두운 정서를 걷어내야 한다. 그러기 위해서는 약해진 자존감을 회복해야 한다. 자존감을 높이는 일은 이혼 후 마음에 새 힘을 얻고 자신의 본 모습을 찾는 데 매우 중요하다. 자존감이 높은 사람은 자신의 선택을 확신하고 타인의 평가를 신경 쓰지 않는다.

어떻게 자존감을 높일 수 있을까?

① 자존감을 높이겠다는 결심부터 하자.

누군가 "약해진 자존감이 마음먹는다고 강해질 수 있는 건가요? 그것이 가능합니까?"라고 회의적인 질문을 할지 모른다. 물론 스스로를 부정적으로 바라보던 시선이 마음먹는다고 바로 긍정적으로 바뀌는 것은 아니다. 하지만 자신을 부정적으로 평가하는 습관을 더는 방관하지 않겠다는 결심은 그 자체로 의미가 있다.

자존감은 마음의 문을 지키는 수문장이다. 부정적인 감정이 마음의 문을 두드릴 때 과단성 있는 수문장이 위엄 있게 그것을 쫓아주어야 한다. 성경 〈잠언서〉는 "무엇보다도 네 마음을 지켜라. 네 마음에서 생명의 샘이 흘러나오기 때문이다."라고 말한다. 긍정적이고 밝은 마음을 회복하겠다는 결심을 하는 것만으로도 약한 마음은 강해질 수 있다.

독일의 심리학자 배르벨 바르데츠키는 그의 책 《너는 나에게 상처를 줄 수 없다》에서 "사람은 자신이 허락해야만 상처를 받는다."고 말했다. 저자의 얘기는 '내 허락이 없으면 누구도 나에게 상처를 줄 수 없다.' '부정적인 감정은 받아들이지 않으면 그뿐이니 그것을 거부하고 휘둘리지 말라.'는 뜻이다.

약해진 자존감을 높이려면 부정적인 감정이 찾아올 때 마음의 문을 쉽게 열어주지 말아야 한다. "내 허락 없이는 안 돼!"라고 말하며 마음을 지켜야 한다.

② 자존감이 높고 행복한 사람들과 자주 어울리자.

사람은 주변 사람으로부터 영향을 받는다. 그래서 행복한 삶을 원하면 행복한 사람들과 어울려야 한다. 삶을 긍정적으로 생각하고 싶으면 그런 사고방식을 가진 사람들과 사귀어야 한다. 건강한 자존감을 얻기 원하면 밝은 자아상을 가진 사람들을 만나야 한다. 그런 사람들을 만나면 자신도 그렇게 된다.

반대로 부정적이고 자존감이 낮으며 남을 욕하는 사람은 피하는 것이 좋다. 긍정적이고 마음이 행복한 사람들에게 받은 좋은 기운을 부정적인 한 사람으로 인해 모두 소진할 수 있기 때문이다.

우리는 한 사람의 진정성과 인격을 판단할 때 그의 친구를 보기도 한다. 그의 친구가 진지하고 정직하면 그도 그런 사람일 확률이 높다. 주변 친구가 불성실하고 책임감 없이 매일 술에 취해 있으면 그 또한 그런 사람일 확률이 높다.

이혼 후 격려와 용기가 필요할 때 우울하고 부정적인 친구를 만나면 의기소침해지기 쉽다. 그런 성향의 친구보다는 잘 웃고 긍정적인 친구를 만나는 것이 좋다. 친구 간에 너무 야속한 얘기라 생각할지 모르지만 힘든 시기에는 어쩔 수 없다. 부모가 힘을 내고 마음을 잘 지켜야 자녀도 용기를 내고 적응할 수 있지 않겠는가?

건강하고 긍정적인 사람은 사는 모습이 밝고 행복하다. 그런 사람들은 꾸준한 노력으로 자신이 원하는 바를 성취하며 점점 안정과 행복을 찾아간다. 긍정적인 사람과 어울리면 좋은 영향을 받는다.

③ 마음을 열고 솔직히 대화하는 모임에 참석하자.

별 의미 없는 만남에는 시간을 허비하지 말아야 한다. 어떤 자리건 만남의 목적이 뚜렷한 것이 좋다. 아무런 목적 없이 그냥 웃고 떠드는 모임도 좋은 목적의 모임일 수 있다. 무목적의 만남도 하나의 목적일 수 있다. 하지만 중요한 전제가 있다. 어떤 만남이건 형식적이고 가식적인 자리는 피해야 한다. 자신의 감정과 솔직한 마음을 숨기고 서로 눈치 보며 겉도는 얘기만 하는 만남은 시간 낭비다.

내 시간은 내 생명의 중요한 벽돌 한 장이고 내가 쓰는 삶의 백지 한 페이지다. 가치 없이 땅바닥에 쏟아버리는 일은 하지 말아야 한다. 그런 자리에 익숙해지면 정서가 메마르고 자존감이 약해진다. 같이 자리하는 사람들의 가슴속 에너지가 느껴지는 만남에 나가야 한다.

정열과 진실함, 책임감, 어려운 처지의 이웃을 도우려는 마음은 자존감이 강한 사람들의 속 모습이다. 진솔한 만남은 이혼 후 자신의 삶을 이해하고 깊은 성숙의 단계로 나아가는 데 도움이 된다. 그런 만남은 자존감을 깨운다.

④ 나의 장점을 꼼꼼히 적어서 자주 보며 생각하자.

요즘엔 자신의 소식을 알리고 자랑할 수 있는 채널이 많다. "오늘 이렇게 멋진 곳에 가서 화려하고 맛있는 음식을 먹었습니다."라고 사진을 찍어 페이스북과 인스타그램 친구들에게 알린다. 그래서 과거보다 해외여행을 많이 가고 인테리어가 멋진 장소를 많이 찾는 것 같다.

좋은 문화다. 화려한 자신의 일상을 자랑하려는 마음을 허영심이라 비난할 필요는 없다. 그러한 것을 통해 자기 브랜딩을 하고 돈을 버는 사람도 많다.

문제는 우리가 점점 남에게 겉모습을 보이는 일에만 익숙해진다는 점이다. 사람은 마음이 더 중요하다. 자신의 내면을 들여다봐야 한다. 멋있는 카페, 아름다운 여행지를 찾아 남에게 보여주는 것보다 나의 숨겨진 장점을 발견해 남이 아닌 나 자신에게 보여주는 일이 몇 배 더 중요하다.

누가 "당신은 자신의 장점을 잘 알고 있나요? 그 부분을 잘 설명할 수 있어요?"라고 질문하면 "글쎄요 별로 생각해보지 않아서."라고 대답하는 사람이 대부분이다.

회사 워크숍에서 주변 사람의 장점을 써서 서로 설명해주는 시간을 가진 적이 있었다. 처음에는 어색해하며 이런 걸 왜 하나 그랬지만 나중에는 대화할 시간이 부족했다. 사람의 본성에는 다른 사람의 장점을 칭찬해주고 자신의 장점을 인정받고 싶은 욕구가 있다.

이 프로그램은 혼자서도 가능하다. 이쁜 엽서를 사서 자신의 장점을 적어보자. 그 엽서를 냉장고나 노트북에 붙여놓고 자주 읽어보자. 흐릿하게 알던 장점이라도 자주 보면 그것을 깊이 이해하게 되고 더 계발할 수 있다. 자신의 장점을 진심으로 칭찬하면 숨겨진 장점도 찾을 수 있다.

⑤ 내가 정말 원하는 것을 찾아서 그것을 실천하자.

직장인들은 점심시간에 무엇을 먹을지 고민할 때가 많다. 누가 물어보면 "글쎄 특별한 거 없는데…… 아무거나."라고 대답한다. 사람은 자신이 원하는 것이 무엇인지 모를 때가 많다. 기분이 우울할 때 어떻게 기분을 좋게 할지 잘 떠오르지 않는다.

우리는 하루하루 특별한 생각 없이 회사와 집을 오간다. '퇴튜던트'라는 신조어를 들어본 적이 있는가? 직장인들이 퇴근 후 무언가를 배우러 학생, 즉 스튜던트가 된다는 의미의 합성어다. 요즘은 어학 공부, 취미생활, 미래를 위한 준비 등 저녁 시간에 자기 계발을 하는 직장인들이 많다.

TV나 유튜브 오락 채널을 습관적으로 보는 것은 도움이 안 된다. 무엇이든 자신이 원하는 것을 찾아 경험해보는 능동적인 노력이 필요하다.

맛있는 젤라토를 맛보는 일, 쾌적한 스파를 찾아 마사지를 받거나 관심 있었던 악기 연주를 배우는 것도 좋다. 꼭 읽어보고 싶던 책을 사서 북카페에 틀어박혀 독서에 깊이 빠져보는 것도 좋은 일이다. 엄마들은 자녀를 극진히 돌볼 줄은 알아도 정작 자신은 돌볼 줄 몰라 무료함을 느낄 때가 많다. 결혼 생활에 충실하다 보니, 가족들을 돌보다 보니 '자신을 돌보는 법'을 잊어버렸는지도 모른다. 나를 내가 돌봐주지 않으면 누가 돌봐주겠는가?

사람이 한평생 아무 일 없이 평탄하게 살 수 있을까? 누구의 삶에도 위기는 있다. 감당하기 힘든 삶의 도전을 마주할 때 피할 길이 없다면 정면으로 돌파해야 한다. 건강한 자존감은 힘든 상황을 헤쳐나갈 때 자신의 삶을 흔들리지 않게 지켜준다. 건강한 자존감은 삶의 돌파력이며 핵심적인 생존 능력이다.

부정적인 감정을 정리하고 과거로부터 자유로워지자

이혼은 부부가 헤어지는 일이다. 재산을 나누고 자녀 양육을 한 사람이 맡기로 약속하고 결혼 계약을 종료하는 것이다.

어떤 부부가 이혼했다면 그건 법률적인 이혼을 한 것이다. 하지만 법률적인 이혼을 한 후에도 감정적으로 결혼에 매여 있는 경우가 많다. 이혼했지만 감정 정리를 하지 못했다면 이혼 전의 갈등과 상처가 이어진다. 감정적인 부분까지 정리해야 정말 결혼을 끝냈다고 말할 수 있다.

법률적인 이혼은 형식적인 이혼일 뿐이다. 법적인 절차를 마쳤을 뿐이다. 부부가 심한 갈등을 극복하지 못하고 헤어지는 건 더 이상의 다툼을 피하기 위함이다. 그러려면 법률적인 이혼만으로 부족하다. 마음속에 남아 있는 결혼의 상처와 부정적인 감정을 해결해야 한다. 그래야 이혼 전의 갈등을 멈출 수 있다.

이 책의 집필 목적은 이혼 가정의 아이들과 부모가 이혼 후의 삶에 잘 적응하도록 돕는 것이다. 그러기 위해서는 이혼이 무엇인지 알아야 하며 이혼 후 벌어지는 상황을 이해해야 한다.

우선 이혼한 후에는 상대방을 매일 볼 일이 없으니 싸울 일이 없다.

이혼 전에는 서로 상처를 주었지만 다 지나간 일이고 이제 다툴 일이 없으니 마음이 편해져야 한다. 하지만 이혼한 후에도 갈등하고 마음의 분노로 괴로워하는 사람들이 많다.

애초에 부부간의 갈등을 참기 어려워서 헤어진 것이 아니었는가? 자유로워지기 위해 이혼한 것이 아니었는가? 만약 이혼 후 5년이 가깝도록 전 배우자를 비난하고 있다면 아직 과거에 매여 있는 것이다. 아직 옛 결혼의 상실감과 상처에 머물러 있는 것이다. 왜 이혼 후에도 원치 않는 감정에 매여 살아야 할까? 그건 이혼을 했지만, 아직 과거와 '작별'하지 못했기 때문이다.

진정한 이혼은 법률적인 이혼만을 의미하지 않는다. 법률적인 이혼은 현실적인 문제들, 겉으로 드러난 문제들을 정리하고 처분하는 일이다. 문제는 마음이다. 오래전에 이혼했지만, 아직 상대에 대한 감정이 복잡하다면 정서적 이혼은 마무리되지 못한 것이다.

어쩌면 법률적으로는 이혼했지만, 마음으로는 이혼을 받아들이기 싫은 건지도 모른다. 상대방과 작별할 마음이 없을지도 모른다. 그런 상태라면 정말 난감한 일이다. 진심으로 결혼을 후회한다면 상대방과 진지하게 대화해봐야 한다. 하지만 대부분 그런 마음은 단순한 미련일 경우가 많다. 정말 상대방을 필요로 했다면 이혼의 벽을 넘을 수 없었을 것이다.

오랜 시간이 지나도록 옛 감정에 매여 있는 것은 '집착'이나 '습관' 때문일 경우가 많다. 미련, 집착, 습관. 이 세 가지는 이혼 후에도 계속 과거에 안주하려는 마음의 '응석'들이다. 이혼한 지 몇 년이 지났는데도 아직 전 배우자를 험담하고 비난한다면 그 부질없음을 인정하고 중단해야 한다. 이제 과거를 내려놓아야 한다. 진짜 '작별'을 해야 한다. 그래야만 앞으로 나아갈 수 있다. 이혼 후 여러 해가 지났는데도 아직 예전 기억과 감정에 빠져 있다면 내 앞의 현실에 충실할 수 없다.

상대방은 이미 새 출발을 했는데 혼자서 그를 미워하고 옛 기억에 빠져 산다면 얼마나 딱한 일인가? 물론 오랜 시간 갈등과 상처로 반복된 결혼 생활의 기억을 쏟아버리는 일은 쉽지 않다. 하지만 과거를 청산하는 시간은 길지 않아야 한다. 길면 길수록 내 소중한 시간만 소진될 뿐이다.

과거에 얽매여 감정적인 소진이 장시간 이어진다면 이제 그만 멈추도록 하자. 그리고 자신에게 질문해보자. "내가 정말 바라는 것이 뭐지?" 법원까지 가서 이혼 절차를 밟은 것은 분명 헤어지기를 원했기 때문이다. 그건 결혼을 깨겠다는 분명한 결심이고 실천이었다. 아직 상대에게 부정적이고 복잡한 감정이 남아 있다면 다 쏟아내고 그만 홀가분해져야 한다.

이혼 후 여유롭고 강해지려면 전 배우자와 진심으로 작별해야 한다.

"이제 그만하자! ○○ 아빠, 잘 살아. 그간 무슨 일이 있었건, 당신 또한 아이 부모인데 잘못되기를 바라는 건 아니지."

"이제부터는 예전 일들 털어내고 자유롭게 살 거야. 지난 일을 자꾸 생각해봐야 아무 의미 없어."

자신에게 이렇게 담담히 말하고 끝난 결혼을 완전히 정리해야 한다.

우리는 이런 결심을 통해 삶의 분위기를 바꾸고 새로운 행복을 준비할 수 있다.

감정적인 에너지 소모를 막기 위한 용서

용서는 어려운 단어다. 사람은 누군가를 용서할 때까지 하루가 채 안 걸리기도 하고, 평생 용서하지 못하고 생을 마감하기도 한다. 상대의 잘못을 덮어주고 그 책임을 묻지 않는 일은 어쩌면 평생의 노력이 필요한 일일지도 모른다. 그러나 그렇게 어렵고 숭고한 단어가 용서지만, 성경에서 말하듯 모든 것을 사랑으로 덮는 놀라운 실천만이 용서는 아니다. 우리는 용서에 대해 모르는 게 많다.

용서는 상대방의 실수를 내가 직접 꾸짖거나 벌하지 않는 것이다. 상대방의 죄를 지적하고 벌주지 않는다고 해서 그를 마음으로 받아들이고 믿으라는 얘기는 아니다. 나에게 피해를 준 상대방을 어찌 신뢰하겠는가? 용서란 나에게 잘못한 상대방에 대한 지적과 처벌을 '세상의 순리'에 맡기는 것이다. 내 손으로 직접 벌주고 갚아주는 일을 하지 않는 것이다. 상대방이 언젠가는 세상에서 자신이 한 일의 대가를 받을 것이므로 내가 하는 응징을 포기하고 덮어두는 것이 용서다.

용서는 화해가 아니다. 그래서 상처를 준 사람과 갈등이 있어도 용서는 가능하다. 용서는 상대방이 잘못을 시인하고 반성하며 적극적으로 용서를 구하지 않아도 가능하다. 그냥 내가 직접 그 사람을 벌주고 응징하지 않으면 되는 것이다.

누군가 그게 무슨 용서냐고 반문할지 모른다. 그런 용서는 너무 쉬워서 용서라 할 수 없다고 말할지 모른다. 하지만 자신에게 깊은 상처와 인격적인 모멸감을 준 사람을 직접 벌주지 않고 세상의 순리에 맡기는 일은 결코 쉬운 일이 아니다. 자신이 직접 응징하고 싶은 마음을 내려놓는 것만으로도 어려운 용서를 실천하는 것이다. 용서는 상처받았던 기억이 떠오를 때마다 그에 대한 처벌을 세상의 순리에 맡기는 것이다.

이렇게 힘들고 버거운 용서를 이해하고 실천해야 하는 이유가 뭘까? 그렇게 힘든 일이라면 안 하면 그만 아닌가? 직접 응징하려는 마음을 가진다 해서 대놓고 벌을 줄 것도 아닌데 무엇 때문에 힘든 용서를 속으로 해야 한다는 말인가?

용서의 반대말은 복수다. 복수는 원수를 갚는 일이다. 자신이 받은 상처와 피해를 자신의 주도로 되돌려주는 것이 복수다. 사람이 상대방에게 받은 상처를 되돌려주려는 강렬한 복수심을 갖게 되면 자신이 먼저 지치고 괴롭다. 감정적인 에너지를 심하게 소모하게 된다.

복수심을 갖는 건 부정적인 것이 아니라고 반론을 제기할 사람이 있을지 모른다. 복수심이 있으면 오히려 자기 일에 충실할 수 있고 더 강해진다고 주장할 수도 있다. 그러나 억울함을 당한 주인공이 복수의 칼을 갈고 상황을 반전시켜서 해피엔딩으로 끝나는 일은 드라마에나 나오는 이야기일 뿐이다.

누군가에게 복수심을 갖는 것은 자신을 무척 괴롭게 한다. 당연하다. 상처는 위로와 사랑으로 치유될 수 있는데 그걸 복수심으로 채찍질하면 얼마나 버틸 수 있겠는가?

운동하다 다친 발목을 치료할 생각은 하지 않고 더 심한 운동을 하면 상처만 커질 뿐이다. 상처받은 마음은 쉬게 해주어야 한다. 억울함을 갚아주기 위해 불면의 밤을 보내지 말고 그냥 세상의 순리에 맡겨야 마음이 쉴 수 있다. 증오의 대상으로부터 내 마음을 자유롭게 해주는 일이 '용서'의 시작이다. 용서는 과거로부터 영향받지 않는 자유로운 삶을 찾는 과정이다.

이혼은 아픈 기억과 상처를 남긴다. 문제는 그 존속기간이다. 어떤 사람은 몇 개월 만에 이혼의 아픔을 다 씻어내지만, 어떤 사람은 5년 아니 10년이 걸리기도 한다. 이혼 후 여유롭고 강해지려면 상대를 용서하고 부정적인 감정을 정리해야 한다.

자녀의 마음을 먼저 생각하고 감정을 표현하자

이혼하면 많은 것이 변한다. 가장 큰 변화는 가족이 흩어지는 일이다. 자녀는 한쪽 부모와 생활하며 집을 나간 다른 쪽 부모를 정기적으로 만난다. 양육에 꼭 필요한 경우를 제외하고는 부모끼리 만나거나 대화할 일은 없다. 남남이 되어 각자의 삶을 산다.

하지만 달라지지 않는 것이 있다. 부모와 자녀의 관계는 변하지 않는다. 부모에 대한 자녀의 기대와 의지하는 마음은 변하지 않는다. 자녀는 변함없이 부모를 믿고 따른다. 한쪽 부모가 큰 실수를 해서 다른 쪽 부모가 분노를 느낀다 해도 그건 부모 간의 갈등일 뿐이다. 문제는 거기에 있다. 부부는 남남이 되었고 감정이 변했는데 부모와 자녀의 관계는 변한 것이 없다는 점이다.

이혼 후 부모가 다투면 자녀는 한쪽 부모의 편을 들 수 없다. 화가 난 부모는 자녀가 다른 쪽 부모를 자신처럼 미워하고 만나지 않기를 원한다. 부모는 억울함을 설명하고 그에 공감해주기를 바라지만 자녀는 그렇게 할 수 없다.

자녀가 어떻게 사랑하는 부모를 미워하고 그와의 관계를 끊을 수 있겠는가? 부모는 화나고 속상한 마음에 친구에게 하듯 감정을 표현하지만 듣는 자녀의 마음은 너무 아프다. 그런 대화는 자녀를 압박하고 부모와의 관계를 위협한다.

부모의 갈등은 어른들의 문제다. 자녀는 아무 책임이 없다. 자녀가 부모의 싸움에 더는 희생당하면 안 된다. 자녀는 이미 이혼의 과정에서 정서적으로나 현실적으로 큰 피해를 입었다. 그런 자녀에게 이혼 후까지 부모들의 싸움에 관여해 자신의 편을 들어달라고 강요하는 것은 너무 가혹한 짓이다. 부모가 서로 미워한다 해서 왜 자녀까지 부모를 미워해야 하는가? 왜 자녀가 다른 쪽 부모를 거부하고 만남을 피해야 하는가?

이혼 후 어려운 시기를 보내고 있는 자녀에게 부모에 대한 악감정을 품으라고 강요하면 안 된다. 자녀는 집을 나간 부모를 걱정하고 그리워한다. 그 부모가 잘되기를 바라고 그 부모가 잘되어서 안정감과 힘을 얻고 싶어 한다. 자녀가 부모에게 바라는 것은 그것뿐이다.

간혹 아이들이 친구네 집 아파트 평수와 자동차 종류를 따진다며 순수하지 못하다고 비난하는 기사를 접한다. 비슷한 평수의 아파트에 사는 친구끼리 어울리고 차의 종류를 따져가며 친구를 만나는 아이들을 비난한다.

그런데 어린아이들이 아파트 평수를 어찌 알고 자동차 종류를 어찌 구분한단 말인가? 그건 아이들이 어른의 대화를 속없이 따라 말하는 모습일 뿐이다. 큰 아파트에 살고 중형차를 타는 집의 아이들과 어울리라는 부모의 조언 없이 아이들이 어떻게 그런 생각을 할 수 있겠는가? 그건 우리 어른들의 무책임하고 부끄러운 모습이지 아이들의 순수함을 논할 얘기가 아니다.

이처럼 아이들은 부모의 말에 큰 영향을 받는다. 이혼 후 부모가 아이들에게 자신의 억울함을 호소하며 공감해주기를 바라는 것은 아파트와 자동차 얘기를 주입하는 것과 같다. 상대방에 대한 분노, 아파트 평수와 자동차로 사람을 차별하는 일은 다 어른들의 감정이고 생각이다.

아이들은 스스로 그런 마음을 가진 적이 없다. 아이는 다른 쪽 부모를 비난하는 얘기가 듣기 싫다. 부모는 자신의 얘기를 불편해하는 자녀에게 섭섭한 감정을 느낄 수 있다. 자녀가 그런 얘기를 듣기 싫어하는 것은 부모의 아픔에 관심이 없어서가 아니다. 나쁜 일을 했다고 비난하는 대상이 자신의 부모인데 자녀가 어찌 동의하고 공감할 수 있겠는가?

아이는 그럴 수 없다. 혹시 아이가 어쩔 수 없이 동의하고 공감한다면 그건 아이의 진심이 아니다. 부모가 강력하게 압박해서 어쩔 수 없이 동의한 것이다.

부모는 자신의 얘기에 수긍하는 자녀를 보고 자녀가 드디어 부모의 문제를 이해했다고 생각할지 모른다. 그건 자녀의 마음을 생각하지 못하는 어른의 잘못된 판단이다. 자녀가 부모의 비판에 대해 진짜로 수긍하고 공감했다면 큰 문제가 생긴 것이다. 자녀와 부모의 관계에 진짜로 금이 간 것이다.

이혼 후 상대방에 대한 분노와 적개심으로 자녀와 다른 부모의 관계가 끊어지기를 바라는 경우가 있다. 그것은 부모의 감정 때문에 자녀를 희생시키는 일이다. 어느 쪽이든 부모와 관계가 나빠지면 자녀는 상처를 입고 마음이 피폐해진다. 절대 그런 일이 생기면 안 된다.

자녀에겐 엄마와 아빠가 모두 필요하다. 엄마와 아빠가 심한 갈등을 경험하더라도 자녀와 원만한 관계를 유지하도록 서로 도와야 한다. 깊은 상처가 아직 아물지 않았더라도 참아야 한다. 아무리 힘들어도 부모의 길을 가야 한다. 그것이 이혼으로 고통당하는 자녀를 위로하고 돕는 길이다.

극단적인 경우이겠지만 자녀에게는 부모가 범죄자라 해도 필요하다. 그러다 부모의 나쁜 행동을 본받아 자녀가 잘못 성장하면 누가 책임지냐고 반문할지 모른다. 물론 우리는 그런 범죄의 대물림을 막고 자녀를 바르게 키워야 한다. 하지만 그런 우려와 목적 때문에 자녀에게서 부모를 떼어내고 멀리하도록 유도하는 것은 자녀를 위한 길이 아니다.

부모에게 잘못된 행동과 삶이 있다면 그 부모와 관계를 유지하며 자녀 스스로가 느끼고 선택하도록 이끌어주어야 한다. 그것이 어른들이 가야 할 길이다. 부모와의 관계가 끊어질 때 자녀가 느끼는 상실의 고통은 그 어떤 것보다 크다.

이혼 후 부모가 여유롭고 강해지려면 자녀가 긍정적이고 건강하게 성장해야 한다. 자녀가 학교생활에 적응하지 못하고 불안해하면 부모가 어떻게 마음 편히 지낼 수 있겠는가? 도저히 불가능한 일이다.

부모는 이혼으로 상처받고 힘들어하는 자녀를 걱정한다. 부모는 자녀의 충격을 줄여주기 위해 어떤 노력도 할 각오를 한다. 하지만 부모는 자녀의 깊은 내면을 모른다. 힘들고 화나는 상황을 극복하기 어려우므로 자녀의 아픔을 공감할 여유가 없다. 그래서 사랑하는 자녀에게 본의 아니게 상처를 줄 때가 많다.

자녀가 건강하고 바르게 성장하려면 부모 모두와 좋은 관계를 유지하고 자주 만나야 한다. 부모는 이 사실을 이해하고 자녀의 마음과 필요를 헤아려야 한다. 어른의 입장, 어른의 감정이 아니라 자녀의 입장과 감정을 배려하고 그것을 중심으로 행동해야 한다.

전 배우자를 배려하는 것이 자녀를 배려하는 것

아이가 부모의 이혼에 대해 질문하는 것은 부모의 잘못을 따지고자 함이 아니다. 이혼이 어느 부모의 실수에서 비롯됐는지 캐내려고 묻는 것이 아니다. 아무리 생각해도 이혼을 이해하고 받아들이기 어려워서 부모에게 질문하는 것이다. 부모는 그런 자녀의 마음을 이해하고 질문의 취지를 오해하지 말아야 한다. 자녀의 질문은 이혼의 최종 책임자를 가려내기 위한 것이 아니다.

부모는 아이가 이해할 수 있는 언어로 이혼의 배경을 차분히 설명해주어야 한다. 그런데 그 과정에서 부모는 이혼에 대한 자신의 결백을 설명할 때가 많다. 자신의 결백을 설명하는 것은 결국 다른 쪽 부모의 잘못이 크다는 말을 하는 것이다. 아이가 누구의 실수인지를 질문한 것이 아닌데 부모는 그 관점에서 이혼을 설명할 때가 많다.

"엄마, 아빠! 저는 이혼이 이해가 안 가요. 엄마, 아빠는 나한테 너무 소중한 부모인데 떨어져 살아야 하는 것을 이해할 수 없어요. 저는 너무 힘들고 속상해요, 왜 그래야 하는 거죠? 다시 예전처럼 살 수 없나요?"

자녀의 질문은 대개가 이렇다. 어디에도 부모의 잘못과 책임에 대한 궁금증은 없다. 자녀는 "누구의 잘못으로 이혼하게 된 거예요?"라고 질문한 것이 아니다. 왜 자녀가 부모를 꾸짖고 탓하겠는가? 부모들 사이에 무슨 일이 있었건 자녀는 부모를 믿고 사랑한다.

부모는 아이가 이혼에 대해 질문할 때 그 의도를 오해하지 말아야 한다. 잘못 오해해서 책임과 실수를 중심으로 이혼을 설명하면 다른 쪽 부모의 잘못을 지적하게 된다. 설령 사실이더라도 아이에게 그런 방식의 설명을 하면 안 된다. 그것은 아이가 기대하는 답변이 아니다. 그런 설명은 이혼으로 힘들어하는 자녀의 적응을 방해한다. 자녀와 부모의 관계에 부정적인 영향을 끼친다.

부모가 이해하는 이혼은 '부부의 헤어짐'이지만 자녀가 이해하는 이혼은 '가족의 헤어짐'이다. 자녀가 적응해야 할 문제는 '가족의 헤어짐'이다. 자녀가 그것을 이해할 수 있도록 설명해주어야 한다.

부모는 자녀의 질문에 대답하기 전에 자녀의 마음을 배려하는 답변을 생각해야 한다. '이 질문에 어떻게 대답하는 것이 현명할까? 잘못해서 자녀에게 상대방에 대한 부정적인 감정을 표현하는 것이 아닐까? 차라리 답변을 안 하는 것이 현명하지 않을까? 내가 하는 설명이 결국 전 배우자를 비난하려는 것이 아닐까?' 부모는 이러한 고민을 통해 아이의 입장과 감정을 배려하며 가장 합당한 설명을 해주어야 한다.

아이는 어른의 잘못을 이해하기 어렵다. 그 잘못의 의미가 무엇인지 모르고 그런 원인으로 이혼한 것을 이해하지 못한다. 사실 아이들은 부모의 실수에 별 관심이 없다. 오히려 그것을 심각하게 받아들이고 문제 삼는 건 부모다. 아이들은 부모의 얘기를 힘써 경청할 뿐이다.

이혼 후 부모는 어른들의 갈등 가운데 자녀를 세워놓을 때가 많다. 속상한 마음에 그런 실수를 이미 했다면 자녀의 개입을 빨리 중지시켜야 한다. 마음이 불편하더라도 자녀 앞에서는 다른 쪽 부모를 최대한 존중하도록 노력해야 한다. 이혼 후 여유롭고 강해지려면 아이가 다른 쪽 부모와 잘 지낼 수 있도록 배려해주도록 하자.

이혼의 부작용으로부터 자녀를 보호하는 법

☗

이혼의 가장 큰 부작용

자녀는 부모와 편히 대화할 수 있어야 한다. 학교생활의 고민, 세상에 대한 궁금증 등 무엇이든 부모와 얘기할 수 있어야 한다. 그런 자녀가 건강하게 성장한다. 그러기 위해서는 집안 분위기가 원만해야 한다. 그런 가정의 아이들은 자유분방하며 능동적으로 성장할 수 있다.

부모의 이혼은 자녀의 마음을 위축시킨다. 이혼 후까지 부모의 갈등이 이어지면 자녀는 자기 얘기를 집에서 편하게 할 수 없다. 부모가 서로를 비난하고 따돌리면 자녀는 두 부모 사이에서 눈치를 보게 된다. 이런 상황이 길어지면 자녀는 결국 한쪽 부모의 주장대로 행동하는 '편들기'에 빠진다.

아이는 어른들의 싸움이 싫다. 자녀는 안간힘을 쓰며 부모 사이에서 중립을 지키려고 노력하지만 역부족이다. 부모의 집요한 비난을 막아내지 못한다. 자녀는 결국 다른 쪽 부모를 미워하는 말과 행동을 하게 된다. 그건 아이의 의지와 무관한 일이다. 아이는 자신을 키워준 소중한 부모를 욕하고 비난한다. 아이는 다른 쪽 부모가 나쁜 사람이고 이혼의 책임이 전적으로 그 부모에게 있다고 말한다.

나이 어린 자녀가 어떻게 그런 판단과 표현을 할 수 있겠는가? 그건 아이의 진심이 아니다. 부모의 집요한 설득 때문에 그렇게 말할 뿐이다. 아이의 그런 모습은 이혼의 가장 큰 부작용이다.

아이와 관계를 유지하고 대화하는 방법

위와 같은 일을 경험한 부모는 평정심을 잃기 쉽다. 부모는 아이의 말을 듣고 속상해서 화를 내고 곧 화낸 것을 후회하고 괴로워한다. 부모는 아이에게 화내고 후회하기를 반복한다. 그런 일을 겪는 부모와 자녀는 모두 상처를 받는다. 서로 만날 때마다 감정이 나빠지므로 만남을 피하게 된다. 결국에는 만남이 줄어들고 조금씩 멀어지게 된다. 부모와 자녀가 이런 경험을 하는 것은 너무나 괴롭고 슬픈 일이다.

마음이 아프더라도 부모는 이런 상황을 비관적으로 생각하면 안 된다. 고통스럽더라도 아이와의 관계에 지치거나 포기하는 마음을 가져선 안 된다. 부모는 자녀에게 자신이 꼭 필요하다는 사실을 잊지 말아야 한다.

아이가 무슨 말을 하건 그 때문에 부정적인 판단을 하면 안 된다. 아이를 키워주는 다른 부모가 있으니 저런 태도라면 자주 안 보는 게 좋겠다는 생각은 더더욱 하면 안 된다.

아이의 태도를 보고 상심한 부모는 그렇게 포기하고 싶은 감정을 느낄 수 있다. 하지만 분명한 사실은 아이에게는 부모가 모두 필요하다는 점이다. 아이는 엄마, 아빠와 모두 자주 보고 대화할 수 있어야 잘 적응하며 성장할 수 있다. 아이가 부정적인 태도로 부모를 대하더라도 그 때문에 아이와의 관계가 나빠지면 안 된다.

만약 아이가 부정적인 태도를 보인다면 부모는 어떤 노력을 해서라도 아이와의 관계를 회복해야 한다. 자녀가 부모 모두의 사랑을 느끼고 생활할 수 있도록 상황을 만들어 가는 것이 자녀의 성장에 좋은 영향을 미친다.

또 부모가 아이의 얘기를 듣고 "그건 사실이 아니야. 그건 엄마의 얘기가 잘못된 거고 과장된 거야. 너는 엄마의 말이 틀린 것을 모르겠니?" 이렇게 설명하며 아이의 얘기를 정면으로 반박하고 바로잡으려고 해서도 안 된다. 그런 말을 들으면 아이는 자신이 부모에게 무시당한다고 느낀다. 그때는 아이의 생각을 먼저 물어보는 것이 좋다.

"네 생각은 어때? 넌 똑똑하니까 아빠가 너를 사랑하지 않는다고 생각하지 않으리라고 믿어. 너는 현명해서 아빠가 너를 사랑하는 줄 잘 알고 있을 거라 생각해."

아이에게 정답과 사실을 말해주는 대화보다는 아이 스스로 생각할 분위기를 만들어주는 노력이 필요하다. 이런 대화는 아이 자신이 부모에게 존중받는다는 생각을 갖게 한다.

이혼 후 힘든 시기에 부모가 바라는 건 자녀를 위로하고 또 자녀로부터 위로받는 것이다. 하지만 자녀의 행동을 보며 속상한 부모는 아이의 마음을 다독이지 못하고 자신의 결백을 주장하기 쉽다. 부모는 자녀가 잘못 알고 있는 것을 설명하고 빨리 오해를 풀기를 바란다.

그러나 자녀는 자신의 태도와 말을 혼내고 바로잡는 교육자가 필요한 게 아니다. 지금 자녀에게 필요한 건 자신의 감정을 인정하고 받아주는 부모의 너그러운 마음이다. 아이는 피해자다. 변화된 모든 상황이 적응하기 어렵다. 부모는 급한 마음을 내려놓고 자녀의 감정을 존중해주는 대화를 해야 한다.

비록 지금은 자녀와 어색한 대화를 하지만 아이에게는 사랑하는 부모와 가진 좋은 기억들이 많다. 부모는 그런 기억들을 조금씩 떠올리고 그때의 경험이 좋았다는 것을 자연스럽게 표현해주어야 한다. 어쩌면 아이는 그런 얘기를 듣고도 "그때 그랬던 건 그냥 좋은 척했을 뿐이었어요."라고 부정할지 모른다. 아이가 그렇게 말하더라도 부모는 상심하지 말아야 한다. 아이는 지금 자신을 집요하게 설득하는 다른 부모의 눈치를 보며 그렇게 말하고 있는 것이기 때문이다.

지인과 오해가 생겼을 때 그것을 해결하는 가장 좋은 방법은 그에게 자신의 진심을 설명해주는 것이다. 오해하는 주체가 가깝고 소중한 사람일수록 솔직한 자신의 마음을 반복해서 설명하는 것이 최선이다. 오해를 겸손하고 솔직한 고백으로 풀려는 노력이 바로 사랑이다. 상대방이 그런 내 마음을 거부해도 이해해줄 때까지 기다리며 노력하는 것이 사랑이다.

부모와 자녀 사이에도 마찬가지다. 부모는 자녀에게 자신의 솔직한 마음을 전해주어야 한다. 자녀 앞에서 서로를 미워하고 욕하고 싶어하지 않는다는 것을 설명해주고, 핑계처럼 들리더라도 마음속 진실을 전해주어야 한다. 또 결혼 초 부모가 바라던 것이 무엇이었는지 얘기하고 그것을 실천하지 못했던 과정을 솔직히 설명해주는 것도 부모가 이혼에 이르게 된 과정을 아이가 이해하는 데 도움이 된다.

부모는 자녀와 자신의 실수를 미화하고 변명하는 대화를 하면 안 된다. 아이들은 어른보다 더 정확히 어른의 진심을 느낀다. 부모는 아이의 감정을 위로해주어야 한다. 사랑하는 내 자녀와 무엇을 다투며 따지겠는가? 아이가 무슨 말을 하건 분명한 사실은 아이에게 부모 모두의 사랑이 필요하다는 점이다. 이혼 후 자녀와 대화하는 데 특별한 노하우는 따로 없다. 아이의 마음을 헤아리고 위로하려는 마음, 아이에 대한 미안함을 진솔하게 표현하는 것이 제일 나은 방법이다.

이런 노력에도 불구하고 한쪽 부모의 다른 쪽 부모에 대한 비난과 편들기 조장이 계속되면 아이의 고통이 깊어진다. 하지만 부모가 오해를 풀기 위해 자녀를 너무 압박하면 안 된다. 잘못하면 자녀가 부모를 아예 피하게 되는 상황이 생길 수도 있으니 주의해야 한다. 그런 일이 생기면 부모와 자녀의 관계가 오랜 기간 끊어지기도 한다.

마음의 벽이 오래 유지되면 관계가 서먹해질 수 있으므로 다른 쪽 부모를 만나 대화를 시도하거나 법원에 조정 신청을 내서 해결방법을 찾아야 한다. 부모는 자녀와의 관계 회복을 위해 할 수 있는 모든 적극적인 대응을 해야 한다.

부모의 마음과 삶을 보여주는 가르침

부모는 자녀가 강하고 융통성 있는 어른으로 성장하기를 바란다. 어떤 시험과 난관에 부딪히더라도 강한 의지와 도전정신으로 삶을 헤쳐 나가기를 바란다. 이혼 가정의 부모들은 그런 마음이 더욱 간절하다. 내 아이가 이혼 후의 힘든 시기를 밝고 씩씩하게 적응해주기를 바라기 때문이다.

하지만 아이들은 강하고 밝게 성장하지 못할 때가 많다. 때로는 의기소침하거나 소극적인 성격이 된다. 반대로 어려운 상황을 극복하고 더 멋지게 성장하는 아이들도 많다. 책임감이 강하고 주변 사람들에게 힘이 되는 성숙한 어른으로 성장하는 자녀들도 많다. 이렇게 아이들의 적응 수준이 달라지는 이유가 뭘까? 어떻게 하면 내 자녀가 후자의 경우로 성장할 수 있을까? 어떻게 하면 내 자녀가 강단과 유연성을 지닌 어른으로 성장할 수 있을까?

아이들은 부모를 닮는다. 자녀는 부모의 모든 면을 의식적, 무의식적으로 배운다. 부모가 술을 좋아하면 아이도 술을 좋아하는 어른이 된다. 부모가 부지런하고 긍정적이면 아이도 부지런하고 긍정적인 사람으로 성장한다. 물론 예외는 있지만 그렇게 될 확률이 매우 높다.

내 아이가 강단과 융통성을 가진 어른으로 성장하기를 바란다면 부모가 그런 사람이 되어야 한다. 지금 부모의 모습이 그렇지 못하더라도 자녀에게 바라는 방향으로 부모도 애쓰고 노력해야 한다.

요즘은 개천에서 용 나기가 힘든 시대라고 말한다. 사회가 안정되어서 인생 역전의 기회가 희박하다고 말한다. 이 얘기는 자녀교육에도 똑같이 적용되는 말이다. 부모라면 누구나 자신의 자녀가 마음가짐이나 행동 면에서 '용'이 되기를 바란다. 부모는 매일매일의 삶을 별 목표 없이 수동적으로 살면서 자녀는 적극적이고 성과를 내는 사람이 되길 원한다. 부모는 저녁마다 TV를 보고 한 달에 한 권도 책을 안 읽으면서 자녀는 매일 충실히 공부하고 학업에 성과를 내기를 바란다.

자녀는 부모가 생활하는 모습을 보고 자연스럽게 영향을 받는다. 부모 자신은 스스로 성장하기 위해 노력하지 않으면서 자녀에게는 "나는 못 하더라도 너는 해야 한다!"고 얘기한다. 그런 말은 설득력이 없다.

이 얘기를 오해하면 안 된다. 자녀가 올바르게 성장하려면 부모가 먼저 사회적으로 성공해야 한다는 뜻이 아니다. 문제는 '부모가 평소 자신을 얼마나 잘 관리하느냐' '매일 매일 시간을 유익하게 보내려고 얼마나 노력하느냐'이다.

일주일에 두세 번 술을 마시며 자기 계발이 없는 삶을 살아가는 아버지의 모습은 자녀에게 용기를 주기 어렵다. 이혼 후 바쁘지만 새로운 것을 준비하며 자기 성장을 위해 노력하는 부모는 아이에게 힘과 용기를 준다. 하루하루 자신의 부족한 부분을 극복하기 위해 노력하는 부모의 자녀들은 그런 부모를 따라가고 닮는다. 자녀는 부모처럼 노력하고 결국 부모 같은 사람이 된다.

자녀에게 '용'이 되라고 말하기 전에 부모가 먼저 자신의 모습을 점검해야 한다. 이혼 후 내 아이가 주관 있는 멋진 성인으로 성장하기를 원한다면 부모가 먼저 자신의 성장을 위해 노력해야 한다.

양육은 교육보다 넓고 깊은 개념이다. 교육은 선생님이 하지만 양육은 부모가 한다. 좋은 선생님이 아이의 내면을 성장시킨다면 좋은 부모는 아이의 삶을 비옥하게 하고 열매를 맺게 한다. 자녀는 부모의 인격과 습관, 삶에 대한 이해를 물려받는다.

형편이 어려워서 초등학교를 겨우 다닌 한 할머니가 있었다. 할머니는 매일 묵묵히 집안일을 하고 손주의 도시락을 싸주었다. 배움이 짧았던 할머니는 남들만큼 손주를 가르칠 수 없었다. 하지만 아이는 훗날 훌륭한 어른이 될 수 있었다. 학교생활을 잘하는 방법, 인생을 지혜롭게 사는 방법을 손주에게 세련되게 설명해주지는 못했지만, 할머니는 자신의 삶을 통해 손주를 멋진 성인으로 길러낼 수 있었다.

아이가 강하고 바르게 성장하는 일은 부모가 어떤 말을 하고 가르치느냐에 국한되지 않는다. 사람을 변화시키는 것은 가르치는 내용이 아니라 가르치는 사람의 마음과 그가 살아가는 모습이다.

이혼 후 부모의 마음에는 상처와 슬픔이 있다. 마음이 우울하고 삶에 대한 회한을 느낄 때가 많다. 아이는 부모의 감정을 느낀다. 구체적으로 얼마나 힘들고 아픈지는 몰라도 자녀는 부모의 우울한 감정을 느낀다. 자녀가 힘을 내고 밝게 성장하도록 도우려면 부모가 먼저 자신의 마음을 다독이고 용기를 내야 한다. 긍정적이고 진취적인 부모의 자녀들은 역시 그런 어른으로 성장한다.

자녀와 공감되는 대화로 돈독한 관계를 유지하자

부모는 자녀와 관계가 좋다고 생각하는데 자녀의 생각은 다를 수 있다. 부모는 대화 중에 자녀의 생각에 공감하고 소통이 잘 된다고 생각하는데 자녀는 답답함을 느낄 수 있다. 부모는 자녀가 항상 말대꾸하지 않고 묵묵하게 자신의 의견에 따라주기를 바란다. 물론 인생의 경험이 많은 부모의 의견을 따르는 것이 자녀에게 도움이 될 때가 많다.

문제는 아이가 부모의 의견에 항상 따를 수 없다는 점이다. 성장기 아이들은 비합리적이고 괜한 고집을 부리며 자기 마음대로 하고 싶어 할 때가 많다. 아이들은 부모의 얘기가 옳다고 생각하면서도 때로는 반대하고 다른 주장을 한다. 부모의 반복되는 정답 제시에 지치고 지루함을 느끼기 때문이다.

문제 해결은 대화의 여러 목적 중 하나일 뿐이다. 대화하는 사람은 문제 해결과 정보 전달 이전에 먼저 서로 공감해야 한다. 마음을 열어야 한다. 그래야 상대방의 얘기를 받아들일 수 있다. 아무리 좋은 얘기라도 마음이 닫혀 있으면 들리지 않는다.

부모는 아이를 위한다는 이유로 정답만을 얘기할 때가 많다. 아이와 하는 대화의 목적이 너무 '정답 찾기'로 흐르면 대화가 안 된다. 머리로 하는 대화와 가슴으로 하는 대화는 다르다. 아이는 정답을 찾는 것보다 때때로 자신의 자존감을 세워주는 부모의 양보를 바란다.

부모의 얘기가 유익하더라도 자녀가 공감하지 못한다면 그 대화는 무의미하다. 아이의 생각이 미숙하더라도 그것을 표현할 수 있는 분위기를 만들어주어야 한다. 아이는 그런 과정을 통해 대화하는 방법을 배우고 미숙한 생각을 발전시킬 수 있다.

자녀가 능동적인 사람으로 성장하기 원한다면 생각을 자유롭게 표현하도록 도와주어야 한다. 부모는 정답만을 말하지 말고 자녀에게 질문하고 경청하는 매력적인 대화 파트너가 되어야 한다. 문제의 정답만을 던지고 마무리하는 대화는 자녀를 위축시킨다. '어차피 엄마 얘기가 맞을 텐데 뭐. 어차피 엄마가 원하는 대로 할 텐데, 내가 얘기해도 별 소용이 없어.' 자녀가 이렇게 생각하고 있다면 대화는 하지만 소통은 안 되는 상태다.

부모 마음 따로 아이 마음 따로라면 대화하는 방식을 다시 생각해봐야 한다. 부모가 매번 정답을 알려주지 않아도 아이는 부모와의 대화를 통해 혼자 힘으로 정답을 찾을 수 있다. 공감 없는 대화를 그만하려면 부모는 자신이 말하는 시간보다 아이의 얘기를 듣는 시간을 늘려야 한다.

부모가 아이의 얘기를 듣고 "그건 잘못된 생각이야. 그건 현명한 방법이 아니야."라고 얘기하는 대신에 "그 생각도 좋은데 이런 생각은 어떨지 한번 생각해보자. 엄마도 그런 생각을 해보았는데 이런 방법도 있는 거 같아. 생각을 여러 방향으로 하며 의논해보자."라고 표현하며 아이가 다양한 생각을 할 수 있도록 대화를 이끌어주어야 한다.

부모는 자신의 자녀가 가장 좋은 길을 갈 수 있도록 설득하고 싶다. 그러려면 부모가 자녀의 얘기에 집중하고 잘 들어주어야 한다. 사람은 다른 사람의 얘기를 길게 듣는다고 더 잘 설득되지 않는다. 오히려 지루해하거나 거부감을 느낄 때가 많다. 그보다는 자신의 얘기에 집중하며 들어준 사람에게 더 애정을 느끼고 공감한다. 어른이건 아이건 공감하는 대화는 내가 말할 때보다 상대의 얘기를 깊이 경청할 때 가능하다.

자녀가 적극적이고 긍정적으로 성장하려면 부모와 자녀가 좋은 관계를 갖는 것이 중요하다. 좋은 관계는 서로가 신뢰하는 가운데 솔직하고 원만한 소통을 할 수 있는 관계다. 부모 자녀 간의 좋은 관계는 자녀가 '부모님은 나를 존중하고 내 의견을 잘 들어주신다.'는 믿음을 갖는 관계다. 자녀는 부모가 어떤 결정을 하건 항상 자신을 우선으로 배려한다는 것을 믿을 수 있어야 한다. 그런 믿음은 아이에게 자신감과 안정감을 준다.

자녀의 미래에 믿음을 주어라

"콩 심은 데 콩 나고 팥 심은 데 팥 난다."는 속담이 있다. 부모의 좋은 기질과 습관은 자녀에게 반드시 대물림된다는 뜻이다. 당연한 말이다. 하지만 아이들의 내면적 강인함과 유연성은 태어날 때 부모로부터 한꺼번에 물려받아 형성되는 것이 아니다. 그런 내면적 장점은 자녀가 성장하며 부모와 주변 어른, 선배들로부터 받은 믿음과 선한 영향력의 결과물이다. 자녀가 적극적이고 긍정적인 자아상을 가지려면 존경하는 어른의 인정과 믿음이 필요하다.

아이들은 대부분 어린 시절에 한 번쯤 대통령이 되는 꿈을 꾼다. 세상에서 가장 멋지고 유명한 사람이 되고 싶은 심리다. 요즘은 유튜버가 되고 싶어 하는 아이들이 많다. 그 또한 유명하고 인기 있는 사람이 되고 싶은 심리다. 미래에 대한 호기심을 가진 아이들은 자신이 장차 어떤 어른이 될지 궁금하다.

이런 아이에게 권위 있는 주변 어른이 "너는 장차 이 사회에 중요한 일을 할 사람이야. 꼭 그렇게 성장할 거야." "너는 부자가 되어서 많은 사람을 돕는 어른이 될 거야."라고 진지하게 전한 한마디는 아이의 삶에 오랜 시간 좋은 영향을 끼친다. 그런 인정과 믿음은 아이로 하여금 무언가를 잘 해내고 싶은 마음을 갖게 한다. 부모는 자녀의 미래를 긍정적으로 말해주고 힘과 용기를 주어야 한다.

부모의 이혼을 당연하게 받아들일 수 없는 자녀

어른들은 흔히 '애들이 공부나 열심히 하면 되지 부모 일을 알아서 무슨 도움이 되겠어?'라고 생각한다. 아이에게 이혼하게 된 배경을 설명해줘봐야 이해도 못 하고 크면 자연스럽게 알게 될 일이니 얘기하지 않는 것이 현명하다고 말한다. 부모들은 자녀에게 어른들의 부끄러운 사연을 전하지 않는 것이 돕는 길이라 생각한다.

일리 있는 말이지만 그건 중요한 부분을 놓치고 하는 생각이다. 자녀가 부모의 이혼 후 생기는 변화에 적응하려면 그 과정을 알아야 한다.

자녀가 부모의 이혼 배경을 알고자 하는 것은 불안감의 표현이기도 하다. 그건 막연히 어른들의 세계를 궁금해하는 아이들의 호기심이 아니다. 자신을 키워주고 지지해주는 하늘 같은 부모의 관계가 끝난 이유를 알고 싶은 것이다. "네가 알아서 뭐 하려고 그러니? 차라리 모르는 게 나아!" 부모가 이렇게 아이의 궁금증을 무시하거나 거부하면 안 된다.

물론 아이들은 설명을 들어도 부모의 이혼을 논리적으로 이해하기 어려워한다. 그런 이유로 부모는 아이의 지적 수준에 맞게 이혼에 이르게 된 과정을 설명하고 이해하도록 도와주어야 한다. 자녀는 아무것도 모르는 채 부모의 이혼을 맞이하고 싶어 하지 않는다. 부모의 설명을 듣고 다 이해는 못 하더라도 무언가 마음의 준비를 하길 바란다.

부모가 소중한 가정을 포기하기까지 숱한 밤을 고민하듯 자녀도 부모의 이혼을 이해하는 데 많은 고민을 한다. 자녀는 초등학교 3학년 때 부모의 이혼 소식을 듣고 스물다섯 살이 되어서도 이혼의 이유를 궁금해한다.

이처럼 자녀는 아주 오랜 시간 부모의 이혼을 생각한다. 그것을 느끼는 부모는 자녀의 궁금증이 부담스럽다. 아이가 왜 이렇게 궁금해할까? 그냥 부모의 성격이 서로 안 맞고 갈등이 심해서 이혼한 것으로 받아들일 수 없을까? 무슨 설명을 더 해줘야 하는 거지? 부모는 난감하기만 하다.

아이가 부모의 이혼 배경을 알고 싶어 하는 것은 자신의 삶을 이해하려는 본능이기도 하다. 간혹 어린 시절 부모의 이혼 전 기억을 못 하는 이혼 가정의 성인 자녀들이 있다. 부모가 아이에게 아무것도 묻지 말라며 궁금증을 막아버렸으므로 그 시기의 기억이 사라진 것이다. 잘 이해가 안 가는 얘기다. "사람의 기억이 누가 틀어막는다고 사라질 수 있는 건가요?" 이렇게 반문할지 모른다.

부모가 아이에게 이혼에 대해 아무런 설명을 해주지 않고 계속 잊어 버리라는 주문을 반복하면 아이는 그 말을 따르려고 애쓴다. 부모가 원하는 대로 궁금한 마음을 포기하고 자신의 생활에 충실하려고 노력 한다. 그런 과정을 겪은 아이들은 성인이 되어서 삶의 어떤 시간을 기 억하지 못하기도 한다.

부모가 이혼한 시기의 기억이 없는 건 마치 기억 상실증에 걸린 듯 한 경험을 하는 것이다. 그건 자신의 정체성이 흔들리는 두려운 경험이 기도 하다. 사람은 자신의 삶을 단편적으로 조각조각 잘라서 이해할 수 없다. 지나온 시간이 힘들고 고통스러웠더라도 연결된 이야기를 알 아야 자신의 삶을 이해할 수 있다.

아이들은 이해하기 어렵더라도 이혼의 과정을 사실대로 알고 싶어 한다. 이혼에 대한 아이들의 궁금증은 부모와 자신의 삶을 받아들이 고 이해하기 위한 마음의 표현이다.

아이와의 대화는 진심을 담아서

아이는 집을 나간 한쪽 부모를 자주 볼 수 없어서 우울하고 슬프다.

엄마, 아빠가 바빠져서 자신을 잘 돌보지 못한다고 느낀다. 이혼 후 자녀는 부모가 더욱 절실히 필요하다. 하지만 현실은 그것을 허락하지 않는다. 자신의 곁을 지켜주던 부모의 빈자리가 점점 커진다. 이런 상황에서 자녀에게 필요한 것은 자신을 사랑하는 부모의 강한 존재감이다. 부모가 항상 자신의 곁을 지켜주고 자신을 우선해서 배려해준다는 믿음이 필요하다.

부모의 이혼 후 아이가 느끼는 가장 큰 변화는 부모의 손길이 줄어든다는 점이다. 아이가 바뀐 환경에 적응하도록 도우려면 바쁘더라도 부모가 자녀 곁에 더 오래 머물러야 한다. 하지만 바빠진 부모는 여유가 없다. 일찍 퇴근하더라도 혼자 집안일을 해야 하므로 자녀에게 집중하기 어렵다.

이혼 후 아이는 혼자서 일상생활에 적응해야 하는 시간이 많아진다. 자녀는 부모와 대화하는 시간을 간절히 기다린다. 이 시기에는 비록 짧더라도 부모와의 대화가 자녀에게 큰 도움이 된다. 부모는 가능한 한 자녀와 진지하게 대화에 집중하려고 노력해야 한다. 건성으로 대화하는 건 의미가 없다. 오히려 부모가 자신을 소중하게 생각하지 않는다고 오해하기 쉽다. 성의 없는 대화는 차라리 안 하는 것이 좋다.

대화할 때 부모는 자녀와 시선을 맞추고 집중해야 한다. 부모가 밀린 카톡이나 유튜브 방송을 보며 아이에게 "듣고 있으니까 얘기해."라고 성의 없이 대꾸하면 안 된다.

우리는 옆에 항상 있는 소중한 사람의 얘기를 대충 듣고 대충 말하는 버릇이 있다. 아이가 말할 때 문자메시지를 확인해야 하거나 다른 챙길 일이 있으면 "잠깐, 이것만 하고 얘기하자 잠시만 기다려줘."라고 말하고 급한 일을 해결한 뒤 아이와 대화를 시작해야 한다. 자녀가 산만하고 어른의 얘기에 집중하지 못하더라도 부모까지 그러면 안 된다. 부모는 아이의 얘기에 집중하고 대화를 소중히 생각해야 한다. 부모와 나누는 진지한 대화를 통해 아이는 자신감을 얻고 용기를 낼 수 있다.

부모가 자녀에게 이혼하게 된 배경을 설명하는 것은 어려운 일이다. 설명할 때 중요한 점은 부모의 관점보다는 아이의 관점과 수준에 맞는 설명을 하는 것이다. 전 배우자가 주변을 시끄럽게 하며 바람을 피웠더라도 아이에게 말할 때는 그 상황을 조심스럽게 전달해야 한다. 설명의 목적이 아이의 이해이지 자신의 분노를 표현하는 것이 아니기 때문이다. 부모는 아이의 사고 수준을 고려하여 어른의 상황을 설명해주어야 한다.

자녀들은 자신의 부모가 도덕적이고 존경할 만한 분들이라고 믿고 싶어 한다. 이혼 전후에 생기는 여러 사건 사고들은 자녀의 그런 믿음을 흔들어놓을 수 있다. 아이들은 부모의 도덕적 결함에 대해 민감하게 반응한다.

부모는 자녀에게 도덕적이고 책임감 강한 모습으로 보이길 원하고 또 그런 모습을 보여줘야 할 의무가 있다. 하지만 인간이란 항상 좋은 선택과 모습만으로 살아갈 수 없다. 부모도 인간적인 실수를 하고 책임감 없이 행동할 때가 있다. 부모가 그런 자신의 모습을 숨기려 하는 것은 당연하다. 또 아이가 이혼의 구체적인 배경에 대해 질문할 때 빨리 짧게 대화를 끝내고 싶어 한다. 부모의 부끄러운 얘기를 자녀에게 깊이 설명하고 싶지 않은 것이다.

부모의 입장에서는 "자녀의 이해를 돕기 위해 부모의 깊은 치부를 언급하는 것은 존경심과 신뢰를 잃는 행동이 아닌가요? 자녀가 부모에 대해 부정적인 시각을 갖는다면 그 얘기는 하지 않는 것이 현명한 판단 아닌가요?"라고 질문할 수 있다. 부모의 그런 걱정과 불안감을 이해하지만 무언가를 가리고 숨겨서 겨우 지켜내는 부모의 위신은 별 가치도 없고 도움도 되지 않는다. 자녀에게 진실한 믿음과 위로의 마음을 전하려면 어른들의 실수를 솔직히 고백하고 인정하는 태도가 필요하다.

자녀와 공감하는 대화를 못 하는 이유는 아직 부모가 자녀에게 솔직하지 못하기 때문이다. 자녀와 중요한 얘기를 피하고 중요하지 않은 주변 얘기를 했기 때문이다. 부모는 용기를 내야 한다. 자녀는 부모와 솔직하게 마음으로 대화하길 원한다. 그래서 부모가 자녀와 대화하는 것이 힘든 것이다.

부모는 아이의 눈을 보며 정말 솔직하게 대화해야 아이와 소통할 수 있다. 자신의 감정을 잘 설명하지 못하더라도 아이는 부모의 마음을 느낀다. 부모가 중요한 내용을 피하는 대화를 하면 부모와 자녀의 대화가 깊어질 수 없다.

우리는 가까운 지인들에게 자신의 실수를 숨길 때가 많다. 사회생활을 하는 데 별로 도움이 되지 않기 때문이다. 부모와 자녀는 안 그럴까? 어른은 자녀에게 위신을 세우기 위해 자신의 실수를 숨기는 일이 많다. 이유가 무엇이건 그렇게 되면 부모와 자녀가 서로 피하는 대화 내용이 많아진다. 부모가 얘기를 못 하면 자녀도 못 하는 얘기가 많아지고 대화의 범위는 점점 좁아진다.

부모는 먼저 자신의 마음 깊숙한 곳을 열고 자녀에게 다가가야 한다. 부모는 자신의 삶에 대해 사랑하는 자녀 앞에서 더욱 진실해지기 위해 용기를 내야 한다. 그 용기는 슬프고 아파하는 자녀에게 힘을 주려고 애쓰는 부모의 깊은 사랑이다. 이혼의 배경을 질문하는 아이나 그에 대답하는 부모 모두 힘들고 고통스러운 것은 같다. 그 고통을 피하려고 질문을 못 하게 하고 대답을 회피하면 안 된다. 부모는 자녀에게 깊은 대화의 문을 열어주고 진지하고 솔직한 인정과 설명을 해야 한다.

※　※　※　※

가수 인순이 씨는 〈아버지〉를 부르며 이런 고백을 했다.

"어릴 적 내가 보았던 아버지의 뒷모습은 세상에서 가장 커다란 산이었습니다. 지금 제 앞에 계신 아버지의 모습은 어느새 야트막한 둔덕이 되었습니다."

모든 부모는 자녀에게 '산'으로 남길 원한다. 자녀가 어려움을 겪을 때 그 존재감만으로도 용기를 주는 존재가 되길 원한다. 그건 부모의 영원한 소망이다. 하지만 자녀는 자신의 부모가 항상 도덕적으로 완벽하고 강한 책임감을 보여주어서 부모를 따르는 것이 아니다.

'높은 산'이었던 부모가 나지막한 '둔덕'이 될지라도 부모는 자녀에게 세상에 하나뿐인 소중한 존재다. 그러니 '둔덕'이 될까 걱정하지 말자. 어떤 실수를 했다면 그 실수를 인정하고 삶에 더욱 최선을 다하면 된다. 부모의 그런 용기와 노력은 자녀가 부모의 이혼이 가져온 부작용을 극복하고 바르게 성장하는 데 큰 힘이 된다.

두 가정에서 자녀를 양육하는 법

꧁

부모 사이의 존중과 배려가 공동 양육의 핵심

　이혼 가정의 자녀와 부모는 입장과 감정이 다르다. 부모가 서로 다투더라도 자녀는 부모 모두를 걱정하고 그리워한다. 부모 사이에 감정이 어떻건 아이에게는 둘 다 소중한 부모이기 때문이다. 하지만 아이는 자신의 그런 속마음을 표현하지 못한다. 자신이 무엇을 원하며 두려워하는지 말하기 힘들어한다. 그건 자녀가 아직 감정 표현에 미숙하고 부모의 눈치를 보기 때문이다.

　자녀는 이혼 후 부모를 만나기 힘들어진 상황을 이해하지 못하고 받아들이기를 꺼린다. 부모에게 이혼을 물리고 다시 같이 살자고 말하고 싶어 한다. 부모에게는 그런 감정 표현을 잘 못 하지만, 자녀의 일상을 보면 그 마음을 느낄 수 있다.

　유치원이나 초등학교 저학년 자녀는 인형을 안고 쓰다듬으며 놀 때가 많다. 아이는 인형에게 자신의 감정을 이입하며 위로의 마음을 표현한다. 아이는 자신의 힘든 마음을 그렇게 드러내고 스스로 다독인다. 어른은 아이의 이런 감정을 모를 때가 많다.

어른은 자신이 느끼는 분노가 아이에게 어떤 영향을 주는지 모른다. 공동 양육의 방법을 고민하기 전에 부모는 다른 부모에 대한 자신의 감정에 대해 곰곰이 생각해보아야 한다. 자녀의 성장에 걸림돌이 되는 부모의 부정적인 감정을 어찌할 것인지 고민해야 한다.

'나에게 깊은 상처를 준 아이의 아빠(혹은 엄마)에 대해 앞으로 어떤 감정을 가질까? 용서할까? 아니면 이해? 아예 포기해버릴까?'

어떤 마음이 자신과 아이에게 도움이 되는지 고민해야 한다. 이 질문은 공동 양육의 초입에 선 부모가 자신에게 꼭 물어봐야 할 중요한 질문이다.

공동 양육의 핵심 과제는 자녀들의 학원 시간표 짜기가 아니다. 공동 양육의 핵심 과제는 양육하는 부모가 서로를 존중하는 마음이 있느냐 없느냐의 여부다. 서로를 부정하고 증오하는데 어떻게 자녀를 같이 키울 수 있겠는가?

공동 양육의 목적은 단순히 수학과 영어 점수를 높이는 것이 아니라 아이를 정서적으로 안정시키고 잘 적응하도록 돕는 것이다. 그러려면 양육하는 부모가 먼저 마음의 안정을 찾아야 한다. 부모의 마음에 평화로움이 있어야 아이가 안정감을 느낄 수 있다. 따라서 공동 양육의 핵심 과제는 바로 부모의 서로에 대한 존중과 배려다.

또 서로에 대한 존중과 배려는 진심에서 우러난 것이어야 한다. 형식적인 존중과 배려는 무의미하다. 마음속에는 분노가 있는데 겉으로만 조심하는 것은 아이 때문에 부모가 어쩔 수 없이 지키는 매너와 예절이다. 매너와 예절은 부모 간에 깊은 존중과 배려가 없어도 서로 약간씩 절제하며 보여줄 수 있다. 물론 매너와 예절을 지키는 것이 나쁘다는 말은 아니다. 이혼 후 상대방에 대해 좋은 감정이 있더라도 매너와 예절을 무시하면 오해와 갈등이 생기기 쉽다. 다만 서로에 대한 진실한 존중과 배려의 마음이 없으면 양육이 제대로 될 수 없다는 것이다.

겉으로만 지키는 매너와 예절만으로는 아이를 건강하게 양육할 수 없다. 공동 양육의 핵심은 마음 깊숙한 곳에 실제로 자리 잡은 상대에 대한 존중과 배려다. 부모는 진심으로 서로를 부모로서 인정하고 존중하는 마음을 가져야 한다.

부모 사이의 분노는 상대방이 부모로서 자격이 없으므로 인정할 수 없다는 실망감에서 비롯된 것이다. 무책임한 행동으로 인해 가정을 위태롭게 했으니 인정할 수 없다는 것이 분노의 이유다. 이런 감정에 대해 누가 반론을 제기할 수 있을까? 가정에 큰 피해를 준 부모는 부모로서 자격이 없다는 말은 일면 설득력이 있다.

이런 깊은 실망감을 느낀 부모들은 서로를 존중하고 배려하기 어렵다. 문제는 자녀의 마음이다. 자녀는 부모가 큰 실수를 했더라도 자신 곁에 영원히 있어주기를 원한다. 가족에게 피해를 줬더라도 아이는 그 부모를 원한다.

공동 양육의 목적은 아이가 이혼의 상처를 극복하고 잘 성장하도록 돕는 것이다. 상대방에 대한 분노의 감정이 깊은 부모는 공동 양육이 불필요하다며 이렇게 말할지 모른다.

"꼭 양육을 공동으로 해야 하나요? 혼자서도 아이를 잘 키울 자신이 있습니다. 그런 편이 더 도움이 될 것 같은데요."

물론 분노의 감정이 깊다면 공동 양육이 어렵다. 아이를 키우다 부모가 싸우면 자녀를 더욱 불안하게 할 수 있기 때문이다. 그럴 때는 혼자 양육을 하며 다른 쪽 부모의 협조를 줄이는 것이 불가피하다. 하지만 궁극적으로는 공동 양육을 해야 한다.

다시 한번 말하지만, 공동 양육의 핵심은 상대방을 부모로서 인정하고 존중하는 일이다. 나에게 상처를 주었더라도 상대방이 내 자녀의 부모인 것은 변하지 않는 사실이다.

우리는 부모와 자녀의 관계를 하늘이 내린 관계 즉 '천륜'이라 말한다. 자녀는 언제나 부모와 좋은 관계를 유지하길 원한다. 그건 아이의 본능이다. 서로에 대한 부정적인 감정을 아무리 노력해도 내려놓을 수 없다면 그땐 속으로만 미워해야 한다. 어쩔 수 없다면 그렇게라도 아이와 상대 부모와의 관계를 지켜주어야 한다. 아무리 밉더라도 상대방이 아이의 부모라는 사실을 인정하고 존중해주어야 한다.

이혼 후 자녀가 가장 불안해하는 것은 부모와의 관계 상실이다. 사람은 자주 만나지 못하면 서서히 멀어진다. 자녀가 내면적으로 안정되고 건강하게 성장하려면 부모를 자주 만나야 한다.

한쪽 부모가 다른 쪽 부모를 싫어하는 마음을 가지고 있으면 아이들은 바로 느낀다. 부모의 눈치를 보고 다른 쪽 부모를 만나기 어려워한다. 그렇게 되면 그 부모와 멀어지고 아이의 정서가 불안정해진다. 아빠를 보고 싶은데 엄마의 눈치를 보아야 하는 아이, 엄마를 만나며 아빠 눈치를 보는 아이는 밝게 성장할 수 없다.

자녀를 안정적으로 키우기 위한 마음가짐

이혼 후에는 생활환경이 달라지므로 부모가 자녀 양육에 대해 서로 이해하고 배려할 부분이 많다. 부모는 아이의 생활 습관을 바로잡는 문제로 예민해지기 쉽다. 양육 부모에게 애인이나 새 배우자가 생기면 양육 환경에 대해 복잡한 토론을 할 때도 있다. 만약 양육 부모가 심각한 양육상의 실수를 하고 있다면 비양육 부모는 예의를 갖춰 자신의 의견을 전달해주어야 한다.

하지만 그렇게 중대한 실수가 아니라면 인정하고 이해해야 한다. 양육 부모는 아이를 양육할 권리가 있으며 비양육 부모는 그것을 돕고 협조할 의무가 있다. 비양육 부모는 양육 부모의 원칙을 존중해주어야 한다. 또 아이가 양쪽 부모를 편히 만날 수 있는 분위기를 만들어주어야 한다. 부모가 자신을 키우는 일로 다투는 모습을 보면 자녀는 양쪽 집을 편히 왕래할 수 없다.

공동 양육을 할 때 생기는 갈등은 큰 의견 차이보다 작은 오해와 실수로 생길 때가 많다. 아이가 부모를 기다리는데 정해진 시간에 부모가 오지 않는다. 부모의 집을 방문하는 아이에게 챙겨준 소지품을 아이가 자주 잃어버린다. 아이의 숙제를 도와주라고 메모해서 보내도 다른 쪽 부모는 아이와 놀기만 하고 챙기지 않는다. 아이의 학교생활에 관심이 없다. 주말 동안 아빠를 만나고 돌아온 아이가 몹시 지쳐 있고 지저분해져 있다.

공동 양육을 하면 이렇게 마음에 들지 않는 일이 많아진다. 그럴 때마다 양육 부모는 비양육 부모의 무성의와 무신경에 실망하기 쉽다. 하지만 이런 불편한 감정을 자녀에게 쏟아 놓으면 안 된다.

2주에 한 번 비양육 부모의 집을 방문하는 것은 자녀의 계획이나 의지가 아니다. 아이는 이혼 이후의 변화에 적응하고자 노력 중이다. 처음 몇 번은 새로운 환경이 반가울지 모르지만 두 집을 왕래하는 건 아이에게 체력적으로나 정서적으로 부담되는 일이다. 그렇게 애쓰는 아이를 흐트러진 태도나 잃어버린 숙제를 이유로 나무라면 안 된다. 아이에게 "아빠를 만나서 좋았지? 맛있는 거 많이 사주셨어? 숙제를 못 했구나! 오늘은 어서 자고 내일 아침 일찍 일어나서 엄마랑 하자."와 같이 말하며 다독여주어야 한다. 부모는 양쪽 집을 왕래하는 아이에게 용기를 주어야 한다.

양육을 위해 꼭 필요한 경우 상대 부모에게 의견을 전달하고 협조를 구할 수 있다. 이때 상대를 나무라거나 핀잔을 주면 안 된다. 그런 마음이라면 차라리 아무런 말을 하지 않는 것이 좋다. 상대방의 무성의함을 지적하고 면박을 주는 대화는 해봐야 서로 화가 나고 마음만 아프다.

이혼 후 자녀를 양육하는 부모는 혼자서 아이를 키우고 생활비를 벌며 노력한다. 그래서 자녀를 혼자 키우는 부모는 강자이고 목소리가 클 수 있다. 그럴 자격이 있다. 상대방도 그런 노력을 인정한다. 분명 아이를 위해 더 많은 애를 쓰고 있기 때문이다. 하지만 비양육 부모도 부모다. 그 또한 자녀가 안정적으로 성장하기를 바란다.

비양육 부모는 아이와 같이 있는 시간이 부족하다. 아이에게 도움이 되는 일을 해주고 싶지만 2주에 한 번밖에 만날 수 없다. 같이 하고 싶은 일은 많은데 시간이 없으니 아이의 숙제를 빠뜨리고 허둥댈 때가 많다.

양육 부모는 돌아온 아이를 보며 '시간이 부족하면 더 신경 써서 꼼꼼히 챙겼어야지. 역시 아이를 말로만 생각하지 챙기는 건 다 내 몫이야'라고 화가 날 수 있다. 하지만 그런 분노는 그냥 마음속에 묻고 지나가자. 답답하고 상한 마음을 겉으로 드러내면 아이도 부모도 모두 속상하고 힘들다.

부모의 이혼으로 달라진 환경에 적응하려고 애쓰는 자녀와 그런 아이를 키우는 양육 부모와 비양육 부모는 모두 얼마 전까지 한 가족이었다. 이제 다른 환경에서 아이를 중심으로 부모로서 살아가고자 애쓰는 상황이 된 것이다. 그것이 이혼 가족의 현실이다. 그것을 이해하고 서로를 측은하게 생각하는 마음을 가져야 한다. 부모가 서로를 측은히 생각하고 이해하려고 애쓰면 아이는 눈치를 안 보고 어느 부모든 편히 만날 수 있다. 부모 간의 존중과 배려는 자녀가 안정적으로 성장하는 데 꼭 필요하다.

자녀의 자존감을 높일 수 있는 부모의 양육관

부모는 이혼 후 불안해하는 자녀가 빨리 안정을 찾기를 바란다. 이혼 전보다 더 잘 키워서 아이가 훌륭하게 자라기를 바란다. 자연스럽게 부모는 자녀를 생각하며 굳은 각오와 결심을 한다.

그런데 부모가 그런 소망을 이루려면 먼저 자녀를 위한 양육관을 점검해야 한다. 양육관이 잘못되어 있으면 공동 양육을 충실히 하더라도 아이에게 별 도움이 안 된다. 자녀가 학업 성취도는 높은데 정서적으로 불안하게 성장한다면 그 양육은 균형을 잃은 것이다. 부모는 양육이 무엇이며 아이에게 바람직한 양육의 방향이 무엇인지 고민하고 공유해야 한다. 처음에 양육관을 점검하지 않으면 의견 차이로 인해 오해가 생기기 쉽다.

양육이란 자녀를 보살펴서 자라게 하는 것이다. 양육의 목적은 자녀의 마음과 몸을 잘 보살펴 건강하게 성장하도록 돕는 것이다. 그러려면 아이를 경쟁에서 이기게 하는 것이 양육의 첫 번째 목적이 되어서는 안 된다. 그보다는 아이의 자존감을 높이는 것을 양육의 최우선 목표로 삼아야 한다.

자존감이 높은 아이는 건강하고 진취적이다. 자존감이 높은 아이는 어려운 일을 겪어도 그것을 긍정적으로 이해하고 잘 이겨낸다. 자존감이 높은 사람으로 성장하는 것은 모든 성장기 아이들에게 가장 중요한 양육 목표다.

그렇다면 아이의 자존감을 높일 수 있는 양육 방법이란 어떤 것일까? 자녀의 잘못된 행동을 매번 너그럽게 이해해주는 것일까? 아니면 가능한 한 많은 칭찬을 해주는 것일까?

자녀의 자존감을 높이기 위해서는 아래와 같은 부모의 생각과 실천이 필요하다.

① 부모는 아이들과 진심으로 즐거운 시간을 갖기 위해 노력해야 한다.

부모들은 자녀와 시간을 갖는 것에 대해 "오늘은 일찍 가서 애들하고 놀아주는 날이야." "지난 주말 아이와 놀아주느라 피곤했어."라고 표현한다. 이것은 무언가 원치 않는 일을 한 후 쓰는 표현이다. 부모가 아이와 놀기 싫은데 아이의 요청이 있어서 자신을 희생했다는 의미다.

그런 얘기를 들을 때마다 '저 사람은 아이와 노는 게 귀찮고 힘든가?' 하는 생각이 든다. 진짜 그런 마음이었다면 아이가 몰랐을까? 아빠와 엄마가 자녀와 놀기 싫은데 억지로 놀아준 거라면 부모도 아이도 그 시간이 썩 즐겁지만은 않았을 것이다.

부모라면 자녀와 시간을 보낼 때 즐거움을 느껴야 한다. 그게 정상이다. 물론 일하느라 심신이 피곤할 때는 쉬고 싶고 아이들과 시간을 갖기가 부담스러울 수 있다. 그럴 때는 쉬지 못하고 아이와 시간을 보내는 것이 힘들 수 있다. 하지만 그런 경우가 아니라면 아이의 요청에 억지로 놀아주지 말고 부모가 자원해서 자녀와 진짜로 즐겁게 시간을 보내야 한다.

땀을 흘리며 같이 뛰어놀고, 맛있는 음식을 먹으며 즐겁게 대화하는 부모와 자식의 모습은 보는 것만으로도 행복하지 않은가?

　필자도 딸이 여섯 살이었을 때 같이 공을 차던 기억이 있다. 정말 행복했던 추억이고 지금도 가끔 그때 얘기를 한다. 부모가 아이와 억지로 놀면 자녀는 '아빠는 내가 귀찮은가 봐. 엄마는 나랑 노는 게 싫은가 봐.'라고 생각한다. 자녀는 자신과 노는 것을 기뻐하는 부모를 보며 자존감이 높아진다.

② 아이에게 지나친 칭찬보다는 격려를 해주는 것이 좋다.

　칭찬과 격려는 다르다. 칭찬은 좋은 점이나 착하고 훌륭한 일을 높이 평가하는 일이다. 격려는 용기나 의욕이 솟아나도록 북돋아주는 것을 말한다. 칭찬은 자녀에 대한 평가지만 격려는 자녀에게 용기를 주는 일이다.

　물론 칭찬은 사람을 기분 좋게 해준다. 칭찬은 자존감을 높이는 데 중요한 요소임이 분명하다. 하지만 칭찬이 너무 빈번하면 감동이 떨어지고 우쭐해지기 쉽다. 아이가 주변의 칭찬을 받으려고 조급해하는 일도 생긴다. 그래서 칭찬을 의도적으로 많이 하는 것은 도움이 안 된다.

　그보다는 격려의 비중을 높이는 게 낫다. 아이를 지지하고 무엇이든 잘 해내리라 믿는 것은 습관적인 칭찬보다 도움이 된다. 칭찬은 적절히 하는 것이 좋다.

③ 자녀가 실패를 두려워하지 않고 긍정적으로 생각하도록 도와주자.

　어른들의 사회생활 못지않게 어린 자녀들의 학교생활에도 경쟁은 있다. 아이들은 친구들과 같이 무언가를 배우며 알게 모르게 은근히 우열을 가린다. 아이들은 악기를 배우고 글짓기 대회와 축구 시합에 참여한다. 아이들은 그때마다 좋은 성적을 기대하지만, 기대에 못 미칠 때가 많다. 원했던 성적을 못 낸 아이들은 실망하고 우울해할 수 있다. 그럴 때 부모는 자녀가 실패의 경험을 긍정적으로 생각하도록 잘 설명해주어야 한다.

"사람은 실패를 통해 배우고 성장하는 거야. 실패를 많이 할수록 배우는 것도 많아. 홈런왕도 삼진왕 중에 나오는 법이란다. 그러니 실패를 우울하게 생각할 게 아니라 성공에 가까워지는 과정이라고 생각해야 해."라는 식으로 아이를 다독여주는 것이 좋다.

④ 자녀의 장점을 찾아주고 그것에 집중하고 노력하도록 용기를 주자.

아이들은 호기심이 많고 의욕이 넘친다. 미래의 꿈도 자주 바뀐다. 아이들이 감정 기복이 심하고 산만한 것은 무언가 문제가 있어서가 아니다. 성장의 에너지가 충만하기 때문이다. 부모는 그런 아이를 불안정하게 보거나 태도를 지적하지 말아야 한다.

부모는 아이가 잘 모르는 자신의 장점을 찾아주고, 그것을 이해할 수 있도록 설명해주어야 한다. 부모는 "네가 하려는 일에는 너의 이런 장점이 도움이 될 것 같아. 그걸 잘 계발해보자."라고 아이의 장점을 찾아주고, 아이가 그것에 집중하고 노력하도록 용기를 북돋아주는 것이 좋다.

⑤ 아이가 자신의 감정 표현에 솔직해지도록 도와준다.

아이들은 감정 표현이 서툴다. 자신의 감정을 표현하는 데 자신 없어 할 때가 많다. 아이가 용기를 내서 마음을 표현했는데 부모가 그것에 별 관심을 보이지 않으면 소극적인 성격이 되기 쉽다.

사람은 자신의 마음이 불편하면 주변 사람의 감정을 돌아볼 여유를 갖기 어렵다. 자녀가 감정을 자연스럽게 표현하고 부모가 그것에 공감하려면 먼저 부모의 마음이 평화로워야 한다. 부모는 부모의 역할에 충실하고 전 배우자에 대한 부정적인 감정을 넘어서야 한다. 부모가 다시 중심을 잡고 자녀를 배려하면 아이들은 밝은 마음을 회복할 수 있다.

아이에게는 "그때는 엄마, 아빠가 서로 미워했지만, 이제는 그렇지 않아. 네 아빠가(엄마가) 잘 지내고 행복하게 살았으면 좋겠어. 이제는 미워하는 마음이 없고 정말 잘 살기를 바라는 마음뿐이야. 비록 이혼했지만, 너에게는 소중한 부모잖니. 지금까지 미워해서 네 마음을 아프게 한 거 정말 미안해."와 같이 마음을 표현해주어야 한다.

부모의 진정한 회심은 아이에게 큰 위로가 된다. 부모가 상처받은 감정을 회복하면 아이도 새 힘을 얻는다.

⑥ 아이의 감정을 존중해주고 잘못된 행동은 즉시 바로잡아야 한다.

오랜 시간 부모의 갈등이 이어지면 아이가 부정적인 영향을 받는다. 당연한 일이다. 부모를 대할 때나 학교생활에 문제가 생긴다. 아이는 부모 앞에서 함부로 행동하거나 친구들과 싸우고 수업을 방해하기도 한다.

부모는 그런 자녀의 마음을 다독여야 하지만 행동은 즉시 바로잡아주어야 한다. 괴로워하는 아이의 마음을 이해하더라도 잘못된 행동을 방관하면 안 된다. 잘못을 이해하고 덮어주는 것과 아무 대응 없이 방관하는 것은 다르다. 그런 행동을 반복하면 주변 사람들에게 피해를 주어 그에 대한 처벌을 받는다는 사실을 설명해주어야 한다.

잘못된 것은 정확히 알려주고 반성하도록 이끌어주는 것이 부모의 참된 사랑이다. 부모는 자녀의 마음을 따뜻하게 위로하며 잘못된 행동을 바로잡아야 한다.

⑦ 양육은 말로 하는 것이 아니라 살아가는 모습으로 하는 것이다.

아이들은 말만 하고 실천하지 않는 어른의 말을 믿지 않는다. 어른도 마찬가지다. 어른도 말만 하고 실천하지 않는 사람의 말을 믿지 않는다.

사람은 누구나 말한 것을 몸소 실천하는 사람을 믿는다. 그래서 부모는 자녀에게 전하고 싶은 교훈을 몸소 보여주어야 한다. 양육은 몇 마디 말로 되는 게 아니다. 부모가 말 몇 마디 해줬다고 자녀가 성장하는 건 아니다. 자녀가 느끼고 실천할 때까지 부모도 그것을 실천하기 위해 많이 노력해야 한다.

지금은 세상을 떠난 전설적인 코미디언 이주일 님의 유행어가 있었다. "뭔가 보여드리겠다니깐요!" 이 말은 실천 없이 말만 무성한 정치인들을 비판하고 풍자하는 메시지를 담고 있었다.

부모는 자신의 삶을 통해 자녀에게 진지하게 무언가를 보여주어야한다. 말로만 하는 양육은 실패한다. 믿음이 생길 수 없기 때문이다.

공동 양육을 할 때 부모가 생각해야 할 점들

① 아이가 산만해지더라도 부모와의 만남을 계속 후원하고 격려해준다.

부모는 아이가 다른 쪽 부모의 집을 왕래하며 산만해지지 않을까 걱정한다. 양육 부모의 이런 걱정은 타당하며 현실적인 걱정이기도 하다. 아이가 주말에 양쪽 집을 왕래하면 힘이 들고 집중력이 떨어질 수 있다. 부모를 만나 시간을 보내느라 주말 동안 과제를 못 하고 학교생활에 충실하지 못할 수도 있다.

하지만 그렇더라도 자녀가 다른 쪽 부모와 만나는 것을 뭐라 하면 안 된다. 다른 쪽 부모의 집을 왕래하는 자녀가 체력적으로 부담을 느낄 수도 있는데, 그럴 때는 생활의 안정을 위해 방문 횟수를 약간 조정하는 것이 도움이 될 수 있다.

아이의 생활 습관이 흐트러지는 일은 점차 바로잡으면 된다. 이혼으로 슬퍼하는 아이가 부모와 만나는 것을 잘 도와주어야 한다.

② 만남에 관한 중요한 일들은 부모가 결정해준다.

간혹 부모 사이에 자녀를 만나는 시간과 동선 문제로 신경전을 벌일 때가 있다. 부모와 자녀가 만나는 약속을 정하는 일은 아직 서로 불편한 부모에게 민감한 문제일 수 있다. 부모가 불편하다는 이유로 그런 내용을 아이에게 정하라고 요구하면 안 된다. 그것은 자율권을 주는 것이 아니라 아이를 곤란하게 만드는 일이기 때문이다.

만나는 시간과 장소는 부모가 의논해서 정해야 한다. 부모는 아이의 체력과 상황을 고려해 약속을 정하고 일단 정한 약속은 잘 지켜야 한다. 시간 엄수는 이혼 후 부모와 자녀가 신뢰를 쌓는 데 중요한 규칙이다.

③ 상황과 여건에 맞게 자녀와 의미 있는 시간을 보내도록 노력하자.

부모가 아이를 만나 매번 놀이동산을 가거나 특별한 이벤트를 하는 건 무의미하다. 처음 한두 번은 좋은 추억이 될 수 있지만 반복하면 지루해진다. 부모와 자녀에게 필요한 것은 무언가 같이 공감하는 시간을 갖는 것이다.

그러기 위해서 부모는 아이와 같이 경험할 수 있는 일을 찾아 뜻있는 시간을 갖도록 준비해야 한다. 부모와 아이가 각각 따로 게임하고 TV 보는 시간을 갖는 것은 서로 헤어진 후 마음에 남는 게 없다. 아무 아이디어 없이 자녀와의 시간을 대충 보내면 무료했던 기억만 남는다. 좋은 부모는 상황과 여건에 맞게 자녀와 의미 있는 시간을 보내도록 노력하는 부모다.

④ 두 집이 모두 자기 집이라는 안정감을 준다.

비양육 부모의 집을 방문할 때 양육 부모는 아이에게 소지품을 챙겨

준다. 자녀가 처음에는 소지품을 들고 다니더라도 차츰 비양육 부모의 집에도 필요한 물건들을 가져다 두어야 한다. 그래야 아이가 두 집에서 잘 적응하고 편히 지낼 수 있다.

공간 문제도 마찬가지다. 양육 부모의 집과 비양육 부모의 집에 아이의 공간을 모두 마련해주는 것이 좋다. 두 부모의 집이 자녀에게 모두 편한 내 집이 되도록 환경을 마련해주는 것이다. 이혼 후 오랜 시간이 지나도록 부모 집을 손님처럼 왕래하는 것은 아이에게 힘든 일이다. 소지품을 비치하거나 양쪽 집에 아이의 공간을 마련하는 것은 아이의 적응에 도움이 된다.

⑤ 아이가 눈치를 보는 일이 없도록 부모가 서로의 의견을 존중한다.

공동 양육을 하는 부모는 자녀에 대해 각자의 주장을 하며 갈등할 수 있다. 한쪽 부모는 아이가 지나치게 여러 학원에 다니는 일, 게임을 하는 시간을 통제하지 않는 것을 이해할 수 없다. 아이가 운동만 하고 학업에 관심을 기울이지 않는데 다른 쪽 부모는 아무 생각 없이 지켜보기만 한다. '자기 아이 아닌가? 어쩌면 저렇게 무관심하지?' 답답하고 짜증이 난다.

부모는 아이의 못마땅한 행동에 대해 서로의 책임을 따지기도 한다. 부모의 그런 논쟁이 과연 아이에게 도움이 될까? 아이의 양육에 필요할까? 논쟁을 꼭 해야 한다면 아이가 없을 때 공공장소에서 잠시 만나 빠른 결론을 내는 것이 좋다.

비양육 부모는 양육 부모의 교육 방침이 마음에 들지 않더라도 가능한 한 그것을 인정하고 받아들여야 한다. 마음에 들지 않는 것을 말하고 지적해봤자 달라지는 건 없다. 관계만 나빠진다.

그보다는 아이의 상황을 이해하고 아이가 자기 생활에 충실할 수 있도록 서로 협력하는 것이 도움이 된다. 무슨 이유건 부모가 다투면 아이는 눈치를 보고 괴로워한다. 공동 양육에 성공하려면 서로를 부모로서 인정하고 각자의 의견을 존중해야 한다.

⑥ 재혼 후에도 자녀가 눈치를 보지 않도록 모두 노력해야 한다.

부모가 재혼하면 자녀에게 새 부모가 생긴다. 자녀에게 두 명의 친부모 외에 두 명의 새 부모가 더 생기는 것이다. 아이는 친부모와 새 부모 모두의 사랑과 관심이 필요하다. 하지만 부모들이 서로 불편한 감정을 가지면 자녀가 부모들과 좋은 관계를 갖기 어렵다.

만약 친엄마와 새엄마 사이가 나쁘면 자녀는 두 엄마 사이에서 괴로운 시간을 보내게 된다. 새엄마와 친해지는 건 친엄마를 배신하는 느낌이 들고 친엄마를 만나면 새엄마의 눈치를 보게 된다.

부모들은 불편한 감정을 내려놓고 서로를 존중하고 배려해주어야 한다. 그게 아이를 위한 것이며 부모로서 마음 편히 지내는 방법이다.

자녀와 좋은 관계를 유지하는 방법

♕

아이를 시도 때도 없이 가르치려 드는 '꼰대 부모'

요즘 직장인들이 가장 분위기 파악 못 한다고 얘기하는 꼴불견이 무엇인 줄 아는가? 나이 많고 직급이 좀 높다고 아무 때나 옛날얘기를 꺼내며 후배들을 훈계하는 일이다. 우리는 그런 사람을 '꼰대'라 부른다. '아, 저 꼰대' 일단 그렇게 찍히면 여간해서는 이미지를 회복하기 어렵다.

"내가 한창 일할 때는 말이야."

"나 때는 말이야."

이런 식으로 요즘 유행하는 말인 '라떼는~'처럼 꼰대들은 지나간 얘기를 자주 꺼낸다. 물론 후배들이 선배의 과거 얘기를 무조건 싫어하고 지루해하는 건 아니다. 그런 대화가 도움이 될 수 있는 것을 안다. 과거의 경험을 통해 값진 교훈을 얻을 수 있는 것도 안다.

그러나 문제는 직장 상사가 그런 얘기를 아무 때나 반복한다는 것이다. 분위기 파악도 못 하고 아무 때나 잔소리를 하면 '꼰대'가 된다. 누가 예의상 질문이라도 하면 자기 얘기가 큰 도움이 되는 줄 착각하고 친절히 부연 설명까지 해준다.

'꼰대'는 눈치가 없다. 후배들은 그 직장 상사가 평가자의 위치에 있으니 어쩔 수 없이 그의 얘기를 들을 뿐이다.

이런 분위기이니 40대 중반이 넘는 부장급 이상의 간부들은 후배들에게 '꼰대'가 되지 않기 위해 조심하는 눈치다. 누구나 '꼰대' 소리보다는 센스 있고 지적인 선배라는 평가를 듣고 싶기 때문이다.

부모들도 마찬가지다. 자녀에게 잔소리 많은 부모라는 말은 듣고 싶지 않다. '우리 엄마는, 우리 아빠는 나에게 꼭 필요한 조언을 해주셔.' '나 혼자 해결할 수 없는 문제를 잘 설명해주셔.' 부모라면 누구나 자녀가 그렇게 생각해주길 바란다.

그러나 부모가 아무리 도움이 되는 얘기를 하더라도 자녀가 잔소리로 들으면 소용이 없다. 어떤 부모들은 '아이가 듣지 않더라도 계속 얘기하면 효과가 있다.'고 생각한다. 그건 어른들의 희망 사항이고 착각이다. 아이들은 아무 때나 잔소리를 반복하는 부모를 '꼰대 부모'라고 생각한다.

'꼰대 부모'가 되지 않기 위해서는 아이와 소통이 안 되는 대화는 하지 말아야 한다. 소통이 안 되는 대화는 아이에게 도움이 되는 것이 아니라 오히려 아이를 괴롭히는 일이다. 그렇다면 자녀에게 '꼰대 부모'가 되지 않으려면 어떻게 대화해야 할까? 어떻게 대화하면 자녀들에게 꼭 필요하고 도움이 되는 조언을 할 수 있을까? 부모는 다음 두 가지를 염두에 두고 자녀와 대화해야 한다.

① 부모는 자녀에게 조언하며 자기 자랑을 하지 말아야 한다.

부모가 쓸데없는 자기 자랑을 하면 '꼰대 부모'가 된다. 아이의 미숙함을 보며 "아빠는 네 나이 때 너보다 훨씬 어려운 환경에서 살았어. 하지만 도와주는 사람이 없어도 혼자서 공부를 잘했어. 지금 네가 힘들어하는 건 말도 안 되는 거야." "난 네 나이 때 세상이 험한 것을 빨리 느끼고 철이 일찍 들었다." 혹시 자녀에게 이런 의미로 말한 적이 있는가? 이런 대화는 의도가 좋았더라도 부모와 자녀를 비교하며 아이의 부족함을 지적하는 대화다.

사회생활을 할 때도 이렇게 말하는 사람이 있다. 업무에 미숙한 후배에게 "자네는 지금 주변에서 도와주는 사람이 많지만 난 입사 초기에 도와주는 사람이 없었어. 난 그래도 눈치껏 그 힘든 일들을 혼자서 다 해냈다고! 다 사람 마음먹기에 달린 일이야. 자네가 지금 힘들어하는 건 여건 문제가 아니라 자네 마음가짐이 절실하지 않아서 그래. 내 신입 때에 비하면 자네의 노력은 명함도 못 내밀어." 이 얘기를 듣고 후배가 무슨 생각을 할까? '또 잘난 체를 하시는군!' 당연히 이렇게 생각할 것이다.

위에서 예로 든 부모와 직장 상사의 말은 둘 다 잘못된 표현이다. 부모와 직장 상사는 모두 '비교와 지적'이 중심인 대화를 했다. 조언은 사람을 대상으로 하면 안 된다. 조언은 그 상황과 일 자체에 대한 해법만을 제시해야 한다. 언뜻 생각하면 별 차이가 없는 것 같지만 차이가 크다.

"공부가 잘 안 될 때는 억지로 하지 말고 휴식을 해보는 것이 좋아. 중요한 건 자신에 대한 믿음인 거 같아."

"업무 중에 실수 때문에 힘들면 김 과장을 찾아가 봐. 잘 가르쳐줄 거야. 한 2주 정도 학습하면 익숙해질 거야."

이 대화에는 자기 자랑이 없다. 부모와 자녀, 본인과 직장 후배를 비교하는 내용도 없다. 이 대화는 부모와 직장 상사의 경험을 바탕으로 한 해결방법만을 전한다.

조언은 그 상황과 문제에 대한 해법만을 전달하고, 대상자에 대한 부분은 제외되어야 한다. 말하는 사람의 자랑이 들어가면 대화의 취지가 흔들리고 듣는 사람이 반감을 갖는다.

② 부모는 자녀가 부모의 도움을 원할 때까지 기다려야 한다.

부모는 자녀가 미숙하고 경험이 없으니 항상 잘 가르쳐주어야 한다고 생각한다. 나쁜 습관과 잘못된 점을 보면 그것을 얘기해주고 고쳐주어야 한다고 믿는다. 부모로서 당연한 일이다.

하지만 듣는 자녀도 부모처럼 생각하고 그 필요를 느낄까? 부모가 무언가를 가르쳐주고 고치는 과정이 자녀에게 항상 편하고 도움이 될까? 우리는 간혹 사회생활을 하며 지인의 단점이나 실수를 접할 때가 있다. '아, 저건 얘기를 해줘야 할 것 같은데.'라고 생각하지만 결국 고민하다 아무 말도 못 할 때가 많다. 아무리 좋은 얘기라도 누가 자신의 단점을 말하고 가르치려 들면 기분이 나빠지기 때문이다. 누군가의 단점을 말하고 가르치는 것은 상대방을 우울하게 만들기 쉽다.

부모는 똑같은 문제에 대해 자녀에게는 다른 기준을 적용한다. 부모는 자녀가 부모의 가르침을 항상 겸손히 경청하고 성장의 기회로 받아들여야 한다고 생각한다. 하지만 아이도 어른과 같다. 자신의 미숙함을 얘기하며 가르침을 주는 부모의 조언이 부담스러울 때가 많다. 부모가 자신의 단점을 말할 때 기분이 좋지 않을 때도 있다.

"그럼 아이가 실수하고 나쁜 습관을 반복하는 것을 보고도 침묵해야 하나요? 그건 양육자로서 무책임한 것 아닌가요?"

자녀를 걱정하는 부모는 이렇게 묻고 싶을 것이다. 물론 부모의 가르침과 조언은 필요하다. 하지만 자녀와 대화할 때 부모가 염두에 둬야 할 부분이 있다.

부모는 자녀가 그 얘기를 받아들일 수 있는 적절한 시기를 기다려야 한다. 눈에 보인다고 너무 빈번히 아이의 부족한 부분을 바로잡으려고 하면 안 된다. 가르치기와 지적을 남발하면 아이가 부모의 얘기를 긍정적으로 소화해내지 못한다. 집중력이 떨어져서 정작 중요한 얘기를 들으며 지겨움을 느끼기 쉽다.

어른들도 누군가에게 조언할 때 상대방이 잘 받아들일 수 있을 최적의 시간을 기다리지 않는가? 그런 노력은 상대방에 대한 배려이고 애정이다.

조언은 힘든 일이다. 기다림을 필요로 한다. 듣는 사람도 상대방이 조언하기 위해 때를 기다리며 자신의 심기를 살폈다는 것을 알면 고마움을 느낀다. 어떤 면에서는 조언의 내용보다 그 얘기를 전하기 위해 적절한 시기를 기다린 상대방의 배려가 더 깊은 감동을 준다.

어른들이 그에 감동하듯 아이도 마찬가지다. 아이들이 어른들의 얘기를 항상 잔소리로만 듣는 건 아니다. 아이에게도 어른의 가르침이 필요한 시기가 있다. 그때까지는 자녀 스스로 자신의 문제를 해결하도록 후원하고 지켜보아야 한다.

자녀가 원하는 소통법

대화는 '서로 이야기를 주고받는 것'이다. 소통은 '막히지 않고 잘 통함' '뜻이 서로 통하여 오해가 없는 것'을 말한다. 일반적으로 대화와 소통을 같은 의미로 생각하지만 두 단어의 뜻은 다르다. 상대방을 마주보고 이야기를 주고받는다고 서로 뜻이 통하는 것은 아니다.

상대방과 장시간 대화했는데 공감하는 것이 없으면 참 답답하다. 가까운 사이일수록 그런 답답함은 더 크다. 부모와 자녀가 대화했는데 담벼락에 대고 떠드는 느낌이 들면 그보다 더 괴로운 일이 없다. 이유가 뭘까? 왜 대화했는데 소통이 안 되는 걸까?

그것은 상대를 존중하고 받아들이려는 마음이 없었기 때문이다. 사실 속으로는 상대방을 나보다 부족하거나 내가 더 옳다고 생각했기 때문이다. 불통의 대화는 상대방을 존중하지 않고 내 생각만 고집할 때 하게 된다.

부모는 자녀보다 경험이 많고 아는 것이 많다. 그래서 나이 어린 자녀를 교육과 보호의 대상으로 생각한다. 부모는 자녀에게 "너는 아직 어리니까 부모 말을 들어야 해. 아직 경험도 부족하고 세상 물정을 모르니 어른이 될 때까지는 부모가 시키는 대로 하는 게 맞아."와 같은 식으로 말한다. 이 대화를 요약하면 '너는 아직 부족해. 너는 시키는 대로 행동해야 해.'라는 말이다. 이런 대화는 자녀의 자존심을 상하게 하고 자존감을 떨어뜨린다.

세상에 어떤 부모가 내 아이가 자존감 약한 아이로 성장하길 바라겠는가? 부모는 자신의 소통 방법이 아이의 자존감을 약하게 하고 있는지 모를 때가 많다. 그렇다면 아이에게 용기를 주고 자존감을 살려주는 소통은 어떻게 해야 할까?

"나이가 어릴 때는 하고 싶은 게 많아. 꿈이 자주 바뀌는 건 잘못된 게 아니야. 무엇을 하건 실패를 두려워하지 마. 실패를 경험할수록 성공에 가까워지고 많은 것을 배울 수 있으니 용기를 내. 아빠는 너를 항상 믿는다. 도움이 필요하면 언제든 얘기해. 아빠는 항상 너를 응원할 거야!"

이렇게 부모가 자녀를 믿는다는 사실, 존중하고 있다는 마음을 전해주는 것이 바람직한 소통법이다.

또 부모는 자녀의 자존심이 상하지 않도록 배려하며 소통하는 것이 중요하다. 아이는 자신이 부모의 도움을 원한다는 것을 다른 사람들이 모르길 원한다. 도움을 받더라도 친구들과 선생님이 모르길 원한다. 아이들은 어른 대접을 받고 싶어 한다. 부모를 의존하더라도 자신이 의존적인 사람으로 보이는 건 싫기 때문에 부모의 도움 없이 혼자서 당당하게 모든 일을 처리하고 싶고 친구와 선생님에게 그런 모습으로 보이길 원한다.

부모는 자녀의 그런 마음을 이해해야 한다. '아직 배울 것이 많은 어린애가 자존심을 내세우는 것은 겸손한 자세가 아니야.'라고 생각하면 안 된다. 아이에게도 자존심이 있다. 아이가 자존심을 지키려는 것은 내면에 사회적 개념이 성장하고 있다는 증거다. 어려서부터 인격적으로 존중받는 데 익숙해진 아이는 자기 생각을 더욱 당당하게 표현할 수 있다.

부모와 자녀가 좋은 관계를 유지하려면 자녀의 자존감을 높여주는 소통을 해야 한다.

주변 사람들과 좋은 관계를 유지하는 방법

⚜

언어 표현을 거칠게 한 마음속 감정의 점검

삶이 힘들고 마음고생이 심하면 언어가 거칠어진다. 상대방의 기분을 배려하지 못하고 내가 원하는 것만 주장하기 바쁘다.

우리는 지인에게 무언가 부탁할 때 "난 네가 이걸 좀 해줬으면 좋겠어. 그러면 도움이 될 것 같아."라고 부드럽게 표현해야 하고, 또 그렇게 말하려고 생각한다. 하지만 "이거 안 도와줘? 날 도와주려는 마음이 있는 거 맞아?"라고 거칠게 말할 때가 많다.

약속장소에 늦게 온 친구에게도 "지금이 몇 시야? 지금이 몇 신데 이제 오는 거야?"라고 나무라듯 표현한다. 당연히 그런 말을 들은 친구의 답변도 부드럽지 못하다. "차가 막혀서 늦어진 걸 어쩌란 얘기야? 왜 이유도 안 묻고 짜증부터 내?"

만약 "난 네가 시간에 맞춰서 올 줄 알았어, 그런데 연락도 없이 늦어서 혹시 안 좋은 일이 있지 않나 걱정했어."라고 말했으면 친구도 "차가 막혀서 운전에 집중하느라 연락을 못 했네. 걱정하게 해서 미안해!"라고 대답했을 것이다.

누구나 부드러운 표현을 좋아한다. 온건한 표현이 소통에 도움이 되는 것을 모르는 사람은 없다. 그것을 알면서도 표현을 까칠하게 하는 것은 마음이 불안하기 때문이다. 무언가에 쫓기고 현실이 고통스러우면 말투가 바뀐다. 힘든 일을 겪고 상처를 받다 보니 부정적인 언어 습관이 생긴 것이다

삶이 그대를 속일지라도
슬퍼하거나 노하지 말라
우울한 날들을 견디면
믿으라, 기쁨의 날이 오리니

마음은 미래에 살고
현재는 슬픈 것
모든 것은 순간적이고 다 지나가는 것이니
그리고 지나가는 것은 훗날 소중하게 되리니

러시아의 국민 시인 푸시킨은 "삶이 그대를 속일지라도 슬퍼하거나 노하지 말라."고 말했다. 19세기 초를 잠시 살다간 푸시킨의 시가 왜 지금도 많은 사람에게 사랑받고 있을까? 누구나 자신의 본 모습, 고왔던 마음이 어느 순간 상처 입고 거칠어지는 것을 경험했기 때문이다.

차가운 현실에 부딪혀 점점 냉소적으로 변하는 자신의 모습에 상심

하고 슬퍼했던 기억이 있는 것이다. 푸시킨은 말한다. "삶이 나를 구석으로 몰아넣고 매질을 하더라도 잘 견뎌야 한다. 그 시간은 결국 지나간다. 그리고 기뻐할 날이 반드시 온다. 힘들었던 시간은 훗날 소중한 자산이 될 것이다. 우울한 날들을 잘 이겨내야 한다."

언어 표현이 거친 사람의 마음속에는 분노가 있다. 남을 비판하고 부정적으로 말하는 사람은 세상에 대한 두려움과 열등감이 있다. 겉으로 드러나는 언어는 마음의 표현이다. 그래서 사람의 언어 습관은 단순히 '표현력 점검'만으로 개선되지 않는다. 마음속 감정들을 순화하고 위로받는 시간이 필요하다. 그건 마치 몸에 바이러스가 있을 때 기침하고 열이 나는 것과 같다. 마음속에 있는 분노와 부정적인 생각이 언어 표현을 거칠게 한다.

우리는 마음이 부드럽고 온유한 사람을 좋아한다. 그런 사람이 곁에 있으면 덩달아 내 마음도 편하다. 그런 사람은 주변 사람이 실수해도 나무라거나 비난하지 않는다. 여간해서는 잘못을 지적하지 않는다. 그러다 간혹 민망해하며 조심스럽게 한마디 조언을 한다. 그때도 부드럽고 상대를 배려하는 언어로 자기 생각을 표현한다. 알고 지낸 지 여러 해가 지났지만, 주변 사람을 불쾌하게 하는 모습을 본 적이 없다.

이혼 후 원만하고 행복한 삶을 살려면 언어 습관을 돌아보아야 한다. 우리는 까칠한 말투로 상대를 불편하게 하는 사람이 되기를 바라지 않는다. 그 자리에 없는 사람을 비난해서 대화의 상대방을 곤란하게 만들기를 바라지 않는다. 우리는 주변 사람에게 긍정의 에너지를 전하고 안식과 위로의 말을 건네는 사람이 되기를 바란다.

그러기 위해서는 자신의 마음속에 있는 슬픔과 아픔, 두려움을 겸허히 인정해야 한다. 부정적인 감정 또한 현실에 부딪히며 자라난 마음의 모습들이기 때문이다. 부정적인 감정을 나쁘고 해롭다고 부정하거나 숨기는 것은 옳지 않다. 그 또한 마음의 일부로 인정하도록 하자.

부정적인 감정을 인정한다 해서 그 감정에 마음의 중심 자리를 내주면 안 된다. 또 부정적인 감정을 누구나 간직하고 사는 내면의 '필수품' 쯤으로 생각해서도 안 된다. 부정적인 감정은 앞으로 어려운 일을 겪을 때 유용하게 쓰일 '항체'가 아니기 때문이다.

부정적인 감정은 힘들고 버거운 삶의 짐을 들어 올리다 파열된 감정의 근육들이다. 우리는 상한 감정을 잘 달래고 그 위에 이해와 위로의 연고를 발라줘야 한다. 그러면 항체가 생긴다. 자신을 괴롭히던 부정적인 감정이 어려운 일도 넉넉하게 감당할 수 있는 긍정적인 감정으로 바뀐다. 그런 건강한 감정이 마음에 자리 잡으면 멋진 자신감이 생긴다. 언어 표현도 한결 여유로워지고 긍정적으로 변한다.

사람은 사회적 성공, 주변의 인정, 좋은 친구 관계를 가질 때 행복을 느낀다. 그러기 위해서는 긍정적인 언어 습관이 필요하다. 우리는 충분한 능력을 갖추고도 잘못된 언어 습관 때문에 주변 사람들과 불편한 관계를 갖는 사람들을 종종 본다. 안타까운 일이다.

좋은 언어 습관은 이혼 후 삶의 안정과 마음의 평화를 찾는 데 꼭 필요하다. 다른 사람을 배려하고 존중하는 언어 습관은 나뿐 아니라 주변 사람의 상처도 회복시킨다. 나와 지인에게 새 힘을 주는 언어 습관은 주변의 인정과 사회적 성공을 부른다. 마음이 평화로운 사람의 언어 표현은 긍정적이고 부드럽다.

상대방을 지적하는 부정적인 언어 습관

사람은 언어를 통해 상대방을 이해한다. 그래서 언어 표현이 중요하다. 부드럽고 사려 깊은 표현은 이해의 폭을 넓혀주지만 거칠고 자기중심적인 표현은 갈등을 일으킨다.

귀가가 늦은 남편에게 아내가 "당신 지금이 몇 시야?"라고 질문했다. 남편은 그 말을 '무엇을 하다가 이렇게 늦게 들어오는 거야?'라는 핀잔으로 듣는다. 아내가 말하려던 것이 남편이 알아들은 대로 늦은 귀가를 혼내고 화내는 것뿐이었을까? 화내는 것 말고는 전할 용건이 없었던 걸까?

아내는 남편이 추운 날 술에 취해서 어디 미끄러져 다치지나 않았는지 걱정이 많았다. 걱정은 되는데 연락하자니 일에 방해될까 싶어 전화를 못 했다. 그렇게 고민하는 시간이 길어지며 화가 났고 표현이 거칠어졌다.

그런데 "당신 지금 몇 시야?"라는 말을 듣고 남편이 아내의 걱정하는 마음을 느낄 수 있었을까? 그건 불가능하다. 그런 표현으로는 남편이 아내의 마음을 알 수 없다.

만약 아내가 "나 당신 걱정 많이 했어. 연락도 없이 늦어져서 추운 날 어디서 다치거나 무슨 일 생긴 건 아닌가 걱정했단 말이야."라고 표현했다면 남편도 미안한 마음을 가졌을 것이다. 아마 남편은 "미안해. 거래처 사장이 너무 간곡하게 부탁해서 그 사람 말을 못 끊겠더라고. 자리를 떠서 전화할 수가 없었어. 다음부터는 미리 연락할게."라고 말했을지도 모른다.

상대방이 자신의 얘기를 경청하지 않을 때는 두 가지 표현이 가능하다. 첫째는 상대의 행동을 지적하는 방법이고, 둘째는 자신의 필요를 표현하는 방법이다.

"당신은 지금 내 얘기를 듣고 있지 않아, 내 얘기에 전혀 집중하지 않아!" 이건 '너'로 시작하는 대화법이다. 상대방의 행동을 지적하는 표현이다. 하지만 "나는 당신이 내 얘기에 집중해주길 바라. 내 얘기를 잘 들어주면 좋겠어."는 '나'로 시작하는 대화법이다. 이 표현은 자신의 필요를 말하는 대화법이다.

대화하는 데 유익한 긍정적인 표현은 '나'로 시작하는 대화법이다. 상대방의 행동을 지적하는 '너'로 시작하는 대화는 마음을 불편하게 한다. 마음에 좋은 감정을 남기는 긍정적인 대화는 긍정적인 언어 표현이 있을 때 가능하다. 긍정적인 언어 표현은 상대방의 잘못을 지적하지 않고 자신의 필요를 담담하게 말하는 것이다.

이혼 후 주변 사람들과 좋은 관계를 유지하려면 긍정적이고 좋은 언어 표현에 익숙해져야 한다.

나와 자녀 그리고 새로운 만남

✿

사람은 가족에게 은혜를 입고 성장한다

'가족'은 세상에서 가장 아름답고 의미가 깊은 단어다. 가족은 아기가 태어날 때 기뻐하고 늙어 세상을 떠날 때 슬퍼한다. 가족은 아기를 잘 키우기 위해 노력한다. 아기가 아프면 병원에 데려가고 배움이 필요하면 학교에 데려간다. 가족은 아기가 자라는 모습을 보며 기뻐한다. 아기에게 보상을 바라지 않고, 아기가 건강하고 행복하게 살아주기만을 바란다. 간혹 아기가 성장하여 가족의 생각과 다른 길을 가려고 할 때 가족은 슬퍼한다. 하지만 그럴 때도 가족은 아기를 걱정하고 잘되기를 바란다. 아기를 위해 도움 될 일이 있는지 고민하고 그것을 실천하려고 애쓴다. 가족은 아기가 사는 동안 아기를 걱정하고 사랑한다.

영화 〈빵반〉에는 한 가족의 이야기가 나온다. 아버지 역 정채(이성민)와 아들 역 서민재(류준열)의 얘기다. 고아로 자란 민재는 과거 마약을 하던 폭주족이었다. 당시 형사 반장이던 정채는 폭주족 민재를 쫓다 큰 사고를 당한다. 민재는 자신을 쫓다 위험에 처한 형사반장을 구하고 그런 인연으로 정채의 양아들이 된다. 소년원을 출소하는 민재를 찾아간 아버지는 아들에게 말한다.

"사람이 변할 수 있다고 생각하냐? 그냥 갚으면서 살자."

민재는 과거 자신의 잘못을 반성하고 갚으며 살고자 경찰이 된다. 양아버지가 없었으면 민재의 삶이 달라질 수 있었을까? 마약을 하고 소년원을 드나들던 민재가 세상에 대해 빚진 마음을 품고 경찰이 될 수 있었을까? 민재의 회심은 분명 아버지가 있어서 가능한 일이었다.

경기도 화성의 어느 나지막한 언덕 너머에 작은 교회가 있었다. 장애인 여섯 명과 장애가 있는 목사님 한 분, 그의 친딸과 아들이 같이 살았다. 장애인들은 스무 살이 된 뇌병변 장애인, 예순이 넘은 시각장애인, 보행이 불편한 장애인들이었다.

혼자 식생활이 어려운 뇌병변 장애인은 그보다 몇 살 많은 신체장애인이 돌보아주었다. 당뇨 합병증으로 고통스러워하는 장애인은 밤잠을 설칠 때가 많았다. 그는 합병증으로 거동이 점점 불편해지는 상황을 감당하지 못하고 밤낮으로 소리를 지르며 괴로워할 때가 많았다.

목사님은 오랜 시간 힘든 세월을 보냈다. 처음에는 장애인을 돌보는 목회자 입장이었지만 필자가 그곳을 찾았을 때는 가족의 모습이었다. 힘든 일이 많았지만, 목사님과 장애인들은 서로를 걱정하고 돌보는 가족이 되었다.

어느 날부터 장애인들은 건강이 조금씩 나빠지기 시작했다. 장애인들은 재활을 전문적으로 돌봐주는 시설에 가는 것이 필요했다. 그런 시설들에 입소할 기회가 생기자 장애인들이 하나둘씩 교회를 떠났다. 목사님은 그들이 떠날 때마다 슬퍼했다. 목사님은 환갑이 지난 두 지적 장애인이 시설로 이사하기 전 환갑잔치를 열어주었다. 자원봉사자들도 같이 식사를 준비하고 좋은 시간을 보냈다. 이제 교회에는 세 명의 장애인이 남았다. 조만간 한 명 더 시설을 떠날 듯하다.

민재를 사랑했던 아버지, 오랜 시간 장애인들과 생활하며 그들을 보살핀 목사님, 이들은 모두 가족의 삶을 살았다. 마약을 운반하던 폭주족 민재에게 형사반장은 아버지였다. 화성 장애인들에게 목사님은 보호자였고 부모였다.

세상의 모든 가족은 가족이 되기 이전의 이야기가 있다. 그 스토리가 어떠했건 그건 전부 지나간 일이다. 중요한 것은 그렇게 만난 사람들이 이제 소중한 가족이 되었다는 사실이다. 민재의 가족과 목사님의 가족은 서로를 의지하고 걱정하고 사랑했다.

우리나라는 가족의 형태에 대해 기준이 엄격한 편이다. 우리나라는 이미 G20을 넘어 G7에 속하는 선진국이 되었지만, 입양에 대해서는 선뜻 마음을 열지 못한다. 아직 입양을 가슴으로 낳은 자녀를 만나는 과정으로 이해하기 어려워한다.

재혼에 대해서도 걱정을 많이 한다. 새 배우자의 자녀들과 같이 사는 확대 가정의 삶을 자신 없어 한다. '내가 낳은 자식도 아닌데 잘 키울 수 있을까?'라고 생각하거나 "자기 자식도 아닌데 친자식처럼 잘 키울 수 있겠어?"라고 주변에서 걱정하는 일이 많다.

이혼율이 40%가 넘는 사회라면 한부모 가정에 대해서도 이해의 폭을 넓혀야 한다. 한부모 가정을 결혼에 실패한, 이혼한 사람들의 깨진 가정으로 이해하면 안 된다. 부부로 구성된 가족, 한 부모 가족, 입양 가족, 재혼한 확대 가족, 민재의 가족, 목사님의 가족 모두 소중한 가족의 형태들이다. 무엇이 더 소중하고 정답이고 모범적이라는 얘기는 무의미하며 성립하지 않는다.

다양한 가족의 형태들은 그 사회의 사람들이 살아가는 모습일 뿐이다. 사람은 가족 옆에서 휴식하고 삶의 용기를 얻는다. 가족이 있는 사람은 행복한 사람이다.

과거를 정리하기에 가장 좋은 것은 새로운 시작

삶은 소중하다. 한 번뿐이기 때문이다. 언제나 시간이 많은 듯하지만 지나고 보면 시간은 항상 빠르게 지나갔다. 그래서 삶을 진짜 값지게 살아야 한다. 설렁설렁 대충대충 살면 안 된다. 어제가 그랬으니 오늘도 비슷한 하루를 보내면 그만이라고 생각하면 안 된다. 아까운 시간 헛되이 다 보내고 나중에 후회한다. 그렇게 살면 별로 기억나는 것도 없고, 느낌도 없이 나이만 먹는다.

혹시 지인들을 만나 긴 시간 동안 남들 얘기, 연예인 사생활 얘기밖에 안 한다면 문제가 있다. 소주 한잔하고 취기가 올랐을 때 무언가 깊고 내용 있는 얘기를 할 게 있어야 한다. 무용담도 좋고 나에게 은혜를 베풀어준 사람을 칭찬해도 좋다. 요즘 읽는 책이 너무 가슴에 와 닿아 꼭 얘기하고 싶어 소개하는 것도 멋진 일이다. 삶을 값지게 살려면 남 얘기하기를 중단하고 내 얘기에 집중해야 한다. 내 삶을 위한 아름다운 도전을 이어가야 한다.

아름다운 도전은 가치 있는 일을 경험하며 즐기고 배우는 일이다. 내가 좋아하는 일을 하는 것, 꾸준히 자기 계발에 집중해서 능력과 마음을 키우는 것도 가치 있는 일이다.

하지만 그런 성취와 노력 가운데 '사랑'이 빠지면 안 된다. 사람은 누군가를 아끼고 사랑하며 살아야 한다. 냉랭한 가슴으로 사는 것보다 누군가를 챙기고 사랑하는 삶이 값지다. 어쩌면 "누군가를 사랑하고 챙기고 싶어도 내 주변에는 그럴 만한 사람이 없습니다. 저는 그렇게 친한 사람이 없어요."라고 말할지 모른다. 그건 그냥 내 마음이 지금 그렇게 느낀다는 얘기다. 과연 그럴까? 과연 친한 사람도 없고 챙길 사람이 한 명도 없을까?

나에게 남편이나 아내, 연인, 자녀가 없어도 사랑하고 챙길 사람은 많다. 우리 주변에는 가족 외에도 안부를 묻고 챙길 사람이 얼마든지 있다. 직장 동료, 피트니스 클럽에서 1년 동안 눈인사만 한 사람, 자선단체를 통해 소개받은 후원 아동도 사랑의 대상이다. 그뿐인가? 바쁘게 택배 상자를 놓고 떠나는 기사분도 항상 고마운 분이다. 사실 내가 산 물건 내가 받는 건데 전화나 문자를 할 때 항상 친절하다. 내가 인정을 나누고 챙길 수 있는 사람은 그냥 '내가 마음을 연 사람'이다.

이혼 후에는 마음이 위축되기 쉽다. 갑자기 변한 상황 때문에 적응하느라 힘이 들고 주변의 시선도 신경이 쓰인다. '내 인생 누가 대신 살아주는 것이 아니니 신경 쓸 것 없다.'고 생각하지만 예민해질 때가 많다.

이혼 후 부정적인 감정을 정리하고 현실에 적응하려면 2~3년 정도의 시간이 필요하다. 심리학자들도 대체로 2년이 지나면 안정을 찾는다고 말한다. 이혼 후 정서적으로 빠른 안정을 찾는 방법은 편한 사람을 만나 가볍고 유쾌한 시간을 갖는 일이다. 지나간 일을 생각하며 지인 앞에서 화내고 욕을 해봤자 마음이 편해지는 건 아니다. 정서적으로 안정을 찾으려면 부정적인 감정을 풀어주어야 한다. 그러기 위해서 조금씩 마음을 여는 연습을 해야 한다.

이혼 후 안정을 찾으면 새로운 사람을 만날 기회가 생긴다. 주변에서 누군가를 소개해주거나 싱글이 된 사실을 아는 사람이 호감을 보일 때가 있다. 그럴 때는 좋은 사람이라면 너무 깊이 고민하지 말고 만나보는 것이 좋다. 결혼 생활을 정리하느라 오랜 시간을 보냈다면 이성을 만나 대화하는 것이 어색할지 모른다. 하지만 사람을 만나다 보면 대화가 익숙해지고 차츰 편해진다. 그래야 좋은 연인을 만나 사랑할 기회가 생긴다.

아이가 어리면 부모에게 이성 친구가 생기는 것을 싫어할 수도 있다. 아이는 아직 친부모의 자리에 새로운 사람이 나타나는 것을 받아들이지 못할 수도 있다. 아이는 자신이 부모의 새 연인을 받아들이면 다른 쪽 부모에게 의리를 지키지 못한다는 순수한 마음을 가지고 있다. 그 마음은 선량하고 칭찬해줄 부모에 대한 사랑이다.

하지만 아이는 아직 부모의 입장과 미래를 생각하지 못한다. 부모는 그런 자녀의 반대를 심각하게 받아들이지 말아야 한다. 아이들의 생각은 성장하면서 변한다. 부모가 재결합하기 어렵다는 것을 알면 외롭게 혼자 사는 것보다 좋은 연인을 만나는 것이 낫다는 것을 결국 이해한다. 아이가 어려서 부모의 연애를 이해하기 어려워하면 조용히 만남을 가지면 된다.

이혼은 끝이 아니라 시작이다. 우리나라의 이혼 평균 연령은 남성이 47세, 여성은 43세다. 한창 젊을 때다. 그런 나이에 싱글로 오래 지내는 일은 바람직하지 않다. 이혼 후 심신의 안정을 찾았다면 이제 새로운 사람을 만날 준비가 된 것이다.

당신은 아직 인생의 가장 아름다운 스토리를 쓰지 않았다. 망설이지 말고 멋진 스토리를 써 내려가기 바란다. 인생은 한 번뿐이다. 이혼을 경험한 사람들에게 신의 축복이 있기를 바란다!

이혼 서약 십계명

새 삶을 시작하는 부부는 결혼식을 한다. 남녀는 결혼식을 통해 부부가 됐다는 사실을 체감한다. 하지만 이혼할 때는 그런 예식이 없다. 그래서 이혼 후에는 달라진 상황을 체감하지 못할 때가 많다.

이혼했지만 습관적으로 과거의 기억과 감정에 머물기 쉽다. 이혼 후 잘 살려면 과거를 내려놓고 행복한 삶을 준비하는 굳은 다짐을 해야 한다.

다음 페이지의 〈이혼 서약 십계명〉은 새 삶을 시작하는 사람이 감정의 낭비를 줄이고 자녀를 잘 양육하는 데 필요한 기본 규칙이다. 부모가 이 열 가지 결심을 지인 앞에서 읽고 다짐하면 이를 실천하는 데 더욱 효과적이다.

1. 어떤 상황에서도 지나간 일로 서로에 대해 불만을 갖거나 비난하지 않는다.

2. 이혼한 전 배우자를 자녀의 부모로서 인정하고 존중한다.

3. 이제 부부는 없으며 부모로서 자녀 양육에 충실할 것을 다짐한다.

4. 전 배우자를 자녀 앞에서 비난하거나 욕하지 않는다.

5. 자녀에게 전 배우자의 사생활이나 상황에 대해 질문하지 않는다.

6. 양육에 관련된 어떤 내용도 자녀를 통하지 않고 직접 소통한다.

7. 양육 부모는 자녀와 비양육 부모가 좋은 만남을 갖도록 돕는다.

8. 비양육 부모는 양육 부모의 양육 방식을 존중하고 따른다.

9. 전 배우자가 새 삶에 적응해 잘 살기를 진심으로 축복한다.

10. 친부모는 연인이나 새 배우자가 생긴 경우에도 변함없이 양육에 최선을 다한다. 친부모는 새 배우자와 전 배우자가 서로 존중하며 양육을 돕도록 노력한다.

관계 습관을 점검하기 위한 질문 리스트

내가 왜 이혼했을까? 이혼 후 종종 혼자 하는 질문이다. 처음에는 전부 상대방 탓이라 원인을 돌리지만, 시간이 지나면 자신을 돌아보게 된다. 배우자의 큰 실수가 있었다 해도 그것만이 이유라고 넘어갈 수 없기 때문이다.

이혼 후에도 행복한 삶을 살려면 '관계 습관'이 성숙해져야 한다. 나에게 나쁜 '관계 습관'이 있다면 고쳐야 한다. 내가 가진 관계의 습관들은 다른 사람을 만나도 반복되기 쉽기 때문이다.

자신의 관계 습관을 알고 인정하면 상대에 대한 분노와 억울한 감정을 내려놓기 수월해진다. 이혼, 잘 정리해야 한다. 나중에 누굴 만나더라도 같은 실수를 반복하지 말아야 한다.

다음 페이지의 질문 리스트에 답하면서 자신의 관계 습관을 점검해 보자.

1. 남자는 이래야 하고 여자는 저래야 한다며 남녀의 다른 역할을 강조하지 않았는가?

2. 상황에 따라 서로의 책임과 역할을 나누거나 바꿀 수 있는 유연함이 있었는가?

3. 서로 대등한 관계였는가? 한쪽이 기대는 의존적인 관계였는가?

4. 가정 경제를 같이 의논하며 공동으로 책임졌는가?

5. 내가 원하는 것을 솔직히 말하는 편이었는가?

6. 자신의 마음을 상대방이 알아줄 때까지 기다리는 편이었는가?

7. 화가 날 때 시간을 두고 차분한 대화를 나누기 위해 노력했는가?

8. 화가 날 때 직접적으로 감정을 표현하여 상처 주는 대화를 반복하지 않았는가?

9. 상대의 장점에 대해 자세히 알고 있었으며 그 장점을 잘 인정해주었는가?

10. 상대의 단점을 보았을 때 그 단점을 지적하는 습관은 없었는가?

11. 문제가 생겼을 때 빨리 대처하라고 상대를 압박하지 않았는가?

12. 고민거리가 있다는 사람에게 시간을 주고 차분히 생각하도록 배려해주었는가?

13. 시댁과 친정에 대해 각자 자기 부모를 편드는 식의 대화를 한 적은 없는가?

14. 자녀 교육과 진로에 대해 깊은 대화를 자주 나눴는가?

15. 부부가 서로의 취미생활을 인정하고 도와주려고 노력했는가?

16. 부부가 같은 꿈을 가진 것이 있었는가?

17. 집안일에 대한 책임이 한 사람에게만 편중되지 않았는가?

18. 집안의 중요한 일을 결정할 때 부부가 의논하여 같이 했는가?

19. 성생활의 만족을 위해 서로 충분히 노력했는가?

20. 성생활에 대한 표현을 꺼리고 상대가 주도해주기만을 바라고 방관하지 않았는가?

이혼 후 **빠른 안정**과 **행복한 삶**을 찾으려면

코로나로 전 세계가 어려움을 겪고 있다. 많은 사람이 죽고 경기침체가 길어지고 있다. 이런 위기를 겪으면 삶을 지탱하는 의식주 문제가 흔들리고 이혼율이 높아진다.

물론 이혼율 증가의 원인은 경제적 고통뿐만이 아니다. 코로나로 인한 경제적 문제가 사회적 이혼 사유라면 개인적 이혼 사유도 많다. 중요한 것은 무슨 이유였건 이혼이 현실을 잘 살아가려는 나 자신을 위한 선택이라는 점이다.

이혼은 분명 지금보다 더 나은 현실과 미래를 찾고자 하는 결정이다. 혹 배우자의 실수나 부정적인 일들로 인해 원치 않는 이혼을 했더라도 달라지는 건 없다. 그 또한 이혼의 이유일 뿐이다.

그렇다면 이혼 이후의 삶은 어떤 모습이어야 할까? 어렵게 내린 결정으로 우여곡절 끝에 얻은 새로운 시간은 무조건 행복한 삶이어야한다. 행복해지려고 한 이혼이니 정말로 행복하게 살아야 한다.

이 말에 누군가는 이렇게 말할지 모른다.

"누가 행복해지려고 이혼을 합니까? 어쩔 수 없어서 하는 거지!"

공감한다. 이혼은 가정을 지키려고 애쓰다 불가피하게 하는 마지막 선택이다. 하지만 그건 이혼 전의 과정만을 중요시하는 관점이다. 어쩔 수 없이 이혼했더라도 상관없다. 가능한 한 빨리 안정과 행복한 삶을 찾아야 한다. 가정의 큰 변화로 힘들어하는 자녀도 마음에 새 힘을 얻고 잘 성장해야 한다. 이혼 후에 그보다 중요한 것은 없다.

이혼 후 새로운 기분으로 살아가려면 변화된 환경에 잘 적응해야 한다. 그리고 그 적응 기간은 되도록 짧아야 한다. 그래야 감정과 체력 낭비를 줄이고 빨리 안정을 찾을 수 있다.

이혼 후 시간이 한참 지났는데도 아직 예전 생각에 빠져 있다면 문제가 있다. 과거의 상념에 빈번히 빠지면 현실에 충실하기 어렵고 평화로운 일상을 즐길 수도 없다. 그래서 이혼 직후 마음이 복잡하면 차라리 바쁘고 챙길 일이 많은 게 좋다. 집안일을 혼자 하고 경제적으로 부담이 커지는 상황이 몸은 피곤하지만 도움이 될 수 있다.

과거는 지나간 일일 뿐이다. 부정적인 기억이나 감정은 흘려보내야 한다. 그래야 새로운 만남과 삶의 좋은 기회들을 맞이할 수 있다. 그래야 현재의 삶을 견고하게 바로 세우고 부모로서 자녀를 잘 돌볼 수 있다.

간혹, 이혼 후 자녀를 잘 돌보지 못하는 부모들이 있다. 과거의 상처를 정리하고 마음을 추스르느라 잠시 아이의 마음을 헤아릴 여유가 없는 것이다. 이해한다. 이혼 후에는 생각이 많고 감정이 복잡해지기 쉽다. 하지만 부모의 보살핌이 부족하면 아이는 매우 힘들고 어려운 시간을 보내야 한다. 부모는 가능한 한 아이와 대화를 자주하고 감정표현을 도와주어야 한다.

부모는 이혼 직후 적어도 2년 동안은 아이의 적응을 적극적으로 챙기고 도와야 한다. 그러면 아이도 새 힘을 얻고 밝게 성장할 수 있다. 분명한 것은 부모가 아이를 돌보며 대화하는 시간이 자녀뿐 아니라 부모에게도 큰 힘이 된다는 점이다. 아이가 안정을 찾고 잘 성장하면 부모 또한 지나간 일을 정리하고 새로운 삶에 적응하기 쉬워진다.

이혼 후 과거를 정리하고 현실과 미래로 나아간다는 것은 결국, 부모로서의 삶에 충실히 사는 것을 의미한다. 부모로서의 삶에 충실히 사는 것은 부모들이 서로를 존중하고 이해하는 마음을 갖는 것이다. 부모는 그런 마음으로 자녀를 양육해야 한다.

풍요로운 환경이나 아이를 위한 특별한 이벤트는 중요하지 않다. 자녀가 가장 민감하게 받아들이는 것은 부모가 서로에 대해 갖는 속마음이다. 부모는 특별히 드러내지 않으면 아이들이 어른들의 감정을 모를 거라 생각한다. 하지만 아이들은 부모가 서로에 대해 어떤 감정을 가지고 있는지 잘 알고 있다. 부모가 상대방에 대해 부정적인 마음을 가지고 자녀를 양육하면 아이는 밝게 자랄 수 없다.

이혼 후 부모가 서로를 존중하는 것은 그렇게 어려운 일이 아니다. 특별히 무언가 달라져야 할 것은 없다. 그저 상대방을 아이의 부모로만 생각하면 된다. 지난 기억이나 감정으로 무언가를 따지려 하지 말고 상대방을 아이의 부모로서만 진심으로 인정하고 존중하면 된다.

하지만 이 마음을 갖기 어렵다면 아직 부모로서의 삶에 충실하지 못한 것이다. 만약 그렇다면 이혼의 목적을 다시 생각하고 나와 자녀를 위해 새로운 마음을 가져야 한다. 이혼의 본질이 선택이자 결정인 것은 그 이후의 삶이 마음먹기에 따라 달라질 수 있다는 것을 의미한다. 부모로서 충실한 삶을 사는 것은 이혼 후 자신의 삶을 빨리 회복시키고 자녀를 돕는 가장 현명한 선택이다.

이제 이혼은 특별한 사람들만의 고민거리가 아니다. 이미 가까운 지인의 현실인 경우가 많고 어쩌면 나 자신의 고민거리일 수도 있다. 그래서 이혼을 너무 터부시하거나 부정적으로 바라보지 말아야 한다. 그보다는 이혼의 현실과 정서를 이해하고 주변 사람들의 어려움을 공감하는 것이 도움이 된다.

결혼을 행복해지기 위해 하듯이 이혼도 궁극적으로는 행복해지려고 하는 것이다. 문제는 행복이 내 바람만으로 쉽게 얻을 수 없다는 점이다. 행복이 별 노력 없이 얻을 수 있는 것이었다면 왜 그 많은 부부가 갈등하며 이혼을 선택했겠는가?

이 책은 이혼 이후 감정을 빨리 회복하고 안정적인 삶을 살기 위한 지식과 실천 방법들을 설명하고 있다. 특히 자녀의 입장과 감정, 부모가 자녀를 대하는 마음가짐과 소통의 방법들을 강조했다.

부부의 사랑이 깨진 그 자리에 홀로 서 있는 자녀를 위로하고 배려하는 일은 부모의 숙명이고 삶을 바로 세워 행복을 찾는 가장 현명한 행동이기 때문이다.

이혼 전후 마음의 상처와 현실적 고민으로 힘든 시간을 보내고 있는 분들에게 힘내시라는 위로의 말씀을 드리고 싶다. 한분 한분 그 심정을 듣고 같이 아파하고 용기를 내는 시간을 가지고 싶다. 비록 거룩한 성직자는 아니지만, 부부의 문제로, 자녀에 대한 걱정으로, 고민하는 모든 분을 사랑으로 축복하고 싶다. 이 책이 이혼을 경험했거나 고민 중인 분들에게 도움이 되길 바란다.

글쓴이 정석원

이혼 후에도 **행복하게 살기** 위한 보석 같은 책

작은 교회를 목회하지만 그 속에도 다양한 삶의 방식들이 공존한다. 결혼한 가정도 있고 재혼한 가정도 있고, 이혼한 교인도, 배우자와 사별한 교인도, 독신으로 살아가는 교인도 있다.

그 모든 이가 다 저마다 소중한 인생을 살아가고 있는 사람들이다. 하지만 목사로서 아무리 성경을 읽고 또 읽어도 개인의 경험을 넘어서 다양한 인생길을 걸어가는 사람들을 돕기에는 늘 한계를 절감할 수밖에 없던 차에 부족한 사람의 빈 곳을 채워줄 수 있는 좋은 책을 만나게 되었다.

추천사를 부탁받고 이 책의 원고를 두 번 읽었다. 처음에는 다소 가벼운 마음으로 읽었다. 이혼, 그렇지 심각한 문제지. 도움이 되는 책이 있다면 좋겠지. 이미 이혼이라는 문제는 더 이상 낯선 주제가 아니기에 그래도 나도 뭔가 알고 있다고 생각하고, 내가 알고 있다고 생각하는 것을 확인하려는 마음으로 읽어 나갔다.

그러나 이 책의 마지막 페이지를 넘기면서 생각이 바뀌었다. 내가 잘 못 알고 있었구나. 이 책은 이렇게 읽어서는 안 되는 책이구나. 그래서 다시 처음부터 읽었다. 한 자 한 자 짚어가는 심정으로 읽었다. 그러면서 저자가 짊어져야 했던 삶의 무게와 겪어왔던 아픔이 가슴 한편에 와 닿는 것을 느꼈다.

물론 저자는 결코 자기 자신의 개인적인 고통을 직접적으로 드러내지 않았다. 저자는 진주조개와도 같이 자기 안에 있는 쓴 뿌리를 정화하고 승화하여 다른 사람들, 그가 연민을 느끼고 아낌없이 그의 경험을 나누고자 하는 사람들을 위한 보석을 만들어냈다. 그 보석은 영롱한 빛을 발하는 보석은 아니다. 오히려 둔탁하고 묵직하다. 그러나 가치가 있다는 점에서는 충분히 보석에 견줄 만하다.

종종 주례를 부탁하러 오는 커플들을 만나면 결혼 준비를 어떻게 하고 있는지 물어본다. 듣게 되는 대답은 예식장은 어디를 잡았고, 신혼여행은 어디로 가고, 신혼집은 어디에 정했는지 따위의 이야기들이다. 정작 두 사람이 어떻게 한 가정을 이루어 살 것인지가 그 준비 과정에 빠져 있는 것을 자주 발견한다.

요즘같이 전문적인 지식과 정보가 곳곳에 널려 있는 시대에도 제대로 된 결혼 준비 서적 한 권 읽지 않고 결혼 준비를 하는 많은 커플들을 만난다. 그래서 주례를 약속하면서 결혼식 전에 꼭 시간을 내달라고 부탁한다. 예식장 사정 때문에 10여 분 남짓으로 제한된 주례사로는 결혼에 담긴 의미와 행복한 결혼을 위한 조언을 전하기에는 턱없이 부족하기 때문이다.

많은 사람이 그다지 심각한 준비 없이 결혼을 하는 이유는 그들이 이미 결혼과 가정에 대해 잘 알고 있다고 생각하기 때문이다. 사실 그들 모두는 이미 어떤 가정 안에서 자라왔지 않은가. 그들이 자라온 가정 안에서 20년, 30년의 세월 동안 그들의 아버지와 어머니의 모습을 보아 왔기에 결혼에 대해 잘 안다고 생각하는 것은 어쩌면 당연할 것이다.

그러나 그것은 마치 자동차의 뒷좌석에 앉아서 평생 자동차를 탔으니 운전도 할 줄 안다고 생각하는 것과 같다. 그나마 운전할 때는 도로 주행이라도 해보고 면허를 딴다. 그러나 결혼하는 것은 면허 시험도 치지 않고 자동차를 샀다고 운전하려 드는 것과 비슷하다.

시험을 치고 주행 연습을 하고 운전을 해도 잘못된 길로 들어서기도 하고 사고를 내기도 한다. 자신과 동승자도 다치게 되고 폐차가 되는 사고가 날 수도 있다. 그러니 준비되지 않은 결혼에 얼마나 많은 어려움이 있겠는가.

사고가 나지 않아야 하겠지만 사고가 일어나는 것도 현실이다. 그때 무엇보다도 중요한 것은 탑승자의 안전이다. 아무리 큰 사고가 나도 사람만 다치지 않았다면 사고의 소식 속에서도 안도감을 느끼게 되지 않는가.

이 책에는 이혼의 아픔을 겪는 사람들을 위해 상처를 최소화하고,

278

상처를 이른 시간에 치유하고 다시 회복할 수 있도록 돕는 소중한 지혜들이 담겨 있다. 같은 아픔을 겪은 당사자로서 자신의 경험을 최대한 객관화하고 여러 가지 사례와 연구를 참고하여 많은 이들을 위한 치료제로 제공하고자 하는 저자의 애정이 담겨 있다.

무엇보다도 이 책이 빛나는 것은 배려하는 마음에 있다. 이혼을 이야기하면서도 행복한 결혼 생활을 이루기를 바라는 마음을 잃지 않는다. 남성의 입장이지만, 여성의 관점에서 쓴 글들이 더 많다. 자녀를 양육하는 부모이지만 자녀의 심정을 헤아리고 배려하는 세심함에 있어서는 경탄을 금할 수 없다.

저자는 한 자 한 자 꾹꾹 눌러가며 한 페이지 한 페이지를 정성껏 써내려가고 있다. 그래서 쉽게 읽히기보다는 곱씹어 생각하게 한다. 저자의 조언에 귀를 기울이다 보면 남의 이야기를 읽고 있는 것이 아니라 어느새 나 자신을 반성하고 있는 내 모습을 발견하게 된다. 그리고 타인을, 아내를, 남편을, 자녀를 존중하는 마음의 가치에 대해 새삼 깨닫게 된다.

이 책은 이혼이 단지 부부관계의 해소가 아니라 자녀를 포함하여 서로 간에 새로운 관계를 정립하는 것임을 가르쳐준다. 더 이상 부부가 아닌, 그러나 여전히 아빠와 엄마로 살아가야 하는 사람들과 더 이상 부부가 아닌 사람들의 자녀로 살아가야 하는 또 다른 이해 당사자들이 새로운 환경 속에서 새로운 관계를 맺는 법을 하나하나 구체적으로 제시해준다.

이 책이 많이 팔리기를 바라야 할까, 아니면 이 책을 읽을 사람들이 줄어들기를 바라야 할까. 대답하기가 쉽지 않다. 하지만 준비되지 않은 결혼만큼이나 준비되지 않은 이혼도 사람을 충분히 고통스럽게 하기에 이 책이 꼭 필요한 곳에서 자신의 상처를 치유하며 상대방을 더 이해하고 자녀들을 더 행복하게 하는 데 소중하게 활용되기를 바란다.

마지막으로 저자의 세심한 배려와 인간을 향한 애정에 다시 한번 찬사를 보낸다.

김명윤(현대교회 담임목사)